Martin Kramer

Begreifen durch Begreifen

Pythagoras

Lernen in Stationen: interaktiv und kooperativ

Klett | Kallmeyer

Bibliografische Information der Deutschen Nationalbibliothek
Die Deutsche Nationalbibliothek verzeichnet diese Publikation in der Deutschen Nationalbibliografie; detaillierte bibliografische Daten sind im Internet über http://dnb.d-nb.de abrufbar.

Impressum

Martin Kramer
Pythagoras – Begreifen durch Begreifen
Lernen in Stationen: interaktiv und kooperativ

1. Auflage 2022

Redaktion: Dirk Haupt, Leipzig
Illustrationen: Martin Kramer
Fotos: Martin Kramer
Realisation: Frederieke Ruberg
Druck: Zimmermann Druck + Verlag GmbH, Widukindplatz 2, 58802 Balve
Printed in Germany

ISBN: 978-3-7727-1624-9

Begreifen durch Begreifen

Martin Kramer

Pythagoras

Lernen in Stationen: interaktiv und kooperativ

Klett | Kallmeyer

Inhalt

Vorwort

Warum viele Lernende immer noch Stunde um Stunde „auf dem Platz“ sitzen müssen, um ihrer Lehrkraft zuzuhören, ist aus der Sicht moderner Lernmethoden unverständlich. Schon die alten Griechen wussten über die Effektivität des Lernens an verschieden Orten (Loci-Technik). Neu ist diese Idee des Stationenlernens also nicht. Sie ist über zwei Jahrtausende alt und wird in zeitgemäßer Form mit diesem Material aufgegriffen.

Begreifen durch Begreifen
Lernen geschieht durch reales Begreifen. Beispielsweise erzeugen bereits wenige Streichhölzer durch Anschaulichkeit und „Begrifflichkeit“ eine qualitativ andere Aufgabe. Das Material ermöglicht Begegnung, ist Anlass für mathematische Diskussionen und unterstützt Nachhaltigkeit. Schülerinnen und Schüler arbeiten in ihrem individuellen Tempo. Eigenverantwortlichkeit wird gefördert und Selbstwirksamkeit erfahren. Lernende bewegen sich im Unterricht und erleben Mathematik. Da der Unterricht durch Stationen und Lösungen vorbereitet und strukturiert ist, haben Sie Zeit. Zeit für einzelne Lernende und kleinere Gruppen, Zeit zum Beobachten. Der Unterricht ist entschleunigt und bewirkt mehr. Das sind die Vorteile von *Begreifen durch Begreifen.*

Mit wenig Aufwand einsetzbar
Um Mathematik begreifen zu können, werden Materialien benötigt und diese lassen sich schlecht abheften. Das ist der Grund dafür, warum eine Box (Bestellnummer: 14874) angeboten wird. Was zu welcher Station gehört, finden Sie im Stationsteil.

Zum Heft
Kapitel 1 zeigt eine Möglichkeit zur Umsetzung. Es ist kompakt für die didaktische Praxis geschrieben. Viele Methoden lassen sich auch außerhalb des Stationenlernens anwenden. Zentral ist die Übung „Begreifen durch Begreifen“. Kapitel 2 gibt eine Einführung in die zugrundeliegende Philosophie und konstruktivistische Grundhaltung. Wenn Sie mit dem Lernen an Stationen vertraut sind, können Sie nach einem Blick auf die Voraussetzungen und Vorbereitungen direkt zu Kapitel 3 springen, die Stationskarten auslegen und beginnen. Die Materialien befinden sich in Kapitel 4.

Für alle Lernenden und Lehrkräfte, die Mathematik begreifen möchten.
Martin Kramer

1 Umsetzung

Fassen Sie bitte alles Folgende als einen Möglichkeitsraum auf. Sie können Dinge verändern, weglassen oder hinzufügen. Wer zum ersten Mal dem Stationenlernen begegnet, wird wahrscheinlich nicht gleich alle besprochenen Punkte umsetzen. Essenziell sind für die Anwendung die Punkte 1, 3, 4 und 7. Damit „funktioniert" die Lerneinheit. Wer zur Meisterschaft gelangen möchte und Unterricht als Kunstwerk und Persönlichkeitsentwicklung begreift, der wird große Freude an den schwarz hervorgehobenen Abschnitten 2, 5, 6 und 8 haben. Die didaktischen Interventionen sind für die Praxis dicht gepackt und lassen sich auf weite Bereiche im Unterricht, auch jenseits der hier vorliegenden Stationen, anwenden. Sie machen den Unterschied zwischen „funktionieren" und „gestalten".

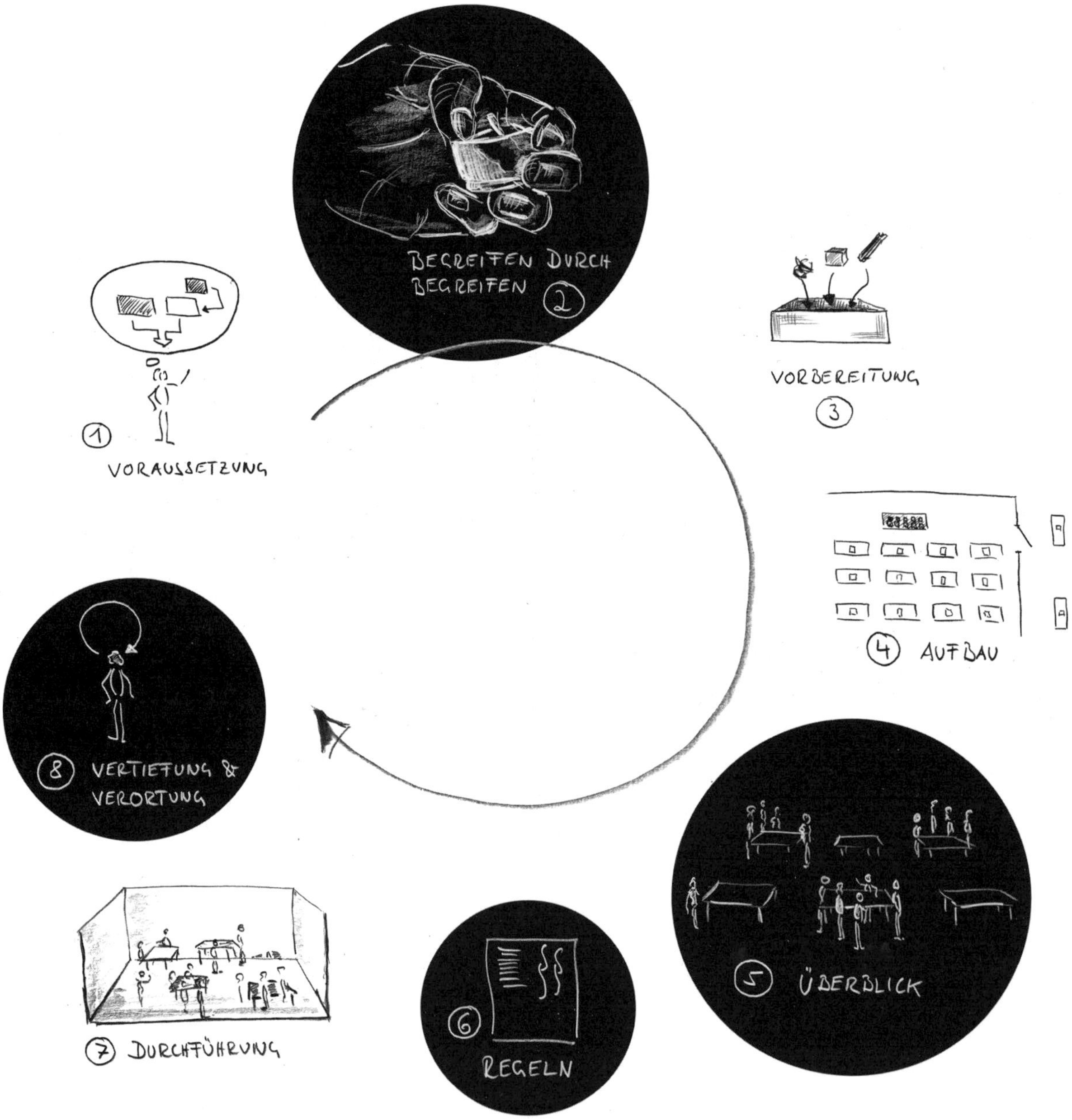

1.1 Voraussetzungen

Fachliche Voraussetzungen

- Der Satz des Pythagoras und dessen Umkehrung: Für den Beweis des Satzes kann Station 8 als Vorlage eingesetzt werden. Alternativ kann die Herleitung im Anschluss an die fachlichen Voraussetzungen verwendet werden. Sie benötigt Flächenvergleiche und somit etwas mehr an Mathematik – ist dafür jedoch bestechend anschaulich.
- Einfache Aufgaben lösen können: In einem rechtwinkligen Dreieck sind zwei Seiten gegeben und es soll die dritte berechnet werden.
- Die Raumdiagonale eines Quaders: Hier bietet sich zur handlungsorientierten Einführung die Station 13 an.
- Die Lernenden benötigen einen Taschenrechner, Schreibzeug und ihr Mathematikheft.

Ein Beweis zu Pythagoras[1]

Die Aussage vom Satz des Pythagoras ist bereits bekannt oder wird den Lernenden mitgeteilt. Im Folgenden geht es um die Herleitung des Satzes. Dazu werden zwei Seiten quadratisches Papier, am besten in verschiedenen Farben, benötigt.

Von dem ersten werden zwei gleich breite Streifen abgeschnitten, sodass zwei Quadrate und zwei Rechtecke entstehen. Die Rechtecke werden, wie auf den Fotos gezeigt, in jeweils zwei kongruente Dreiecke zerlegt. Die Zerlegung wird auf das zweite (auf dem Foto unten das hellere) Quadrat gepuzzelt. Anschließend werden die beiden kleineren Quadrate zur Seite gelegt.

Wie lässt sich mit diesen Figuren der Satz des Pythagoras beweisen?

1 Idee entnommen aus Martin Kramer: *Mathematik als Abenteuer, Bd. 1*, Hannover: 2019 Klett Kallmeyer Verlag, 5. Auflage, S. 94 ff.

Lösung

Die Seitenlänge des mittleren Quadrates sei a, die des kleinen b. Offensichtlich berechnet sich die hellgraue Fläche aus der Summe des mittleren [a^2] und des kleinen Quadrates [b^2]:

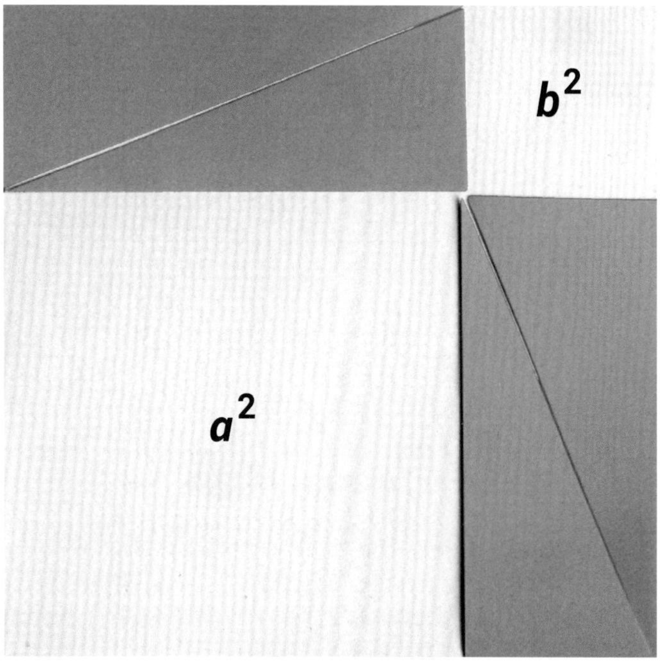

$a^2 + b^2$

Die Dreiecke lassen sich umlegen, sodass statt zweier hellgrauer Quadrate nur ein einziges Quadrat mit der Seitenlänge c entsteht. Dieses besitzt die Gesamtfläche der Unterlage [$(a + b)^2$] abzüglich der Fläche der vier Dreiecke [$4 \cdot \frac{1}{2}\, a \cdot b$]:

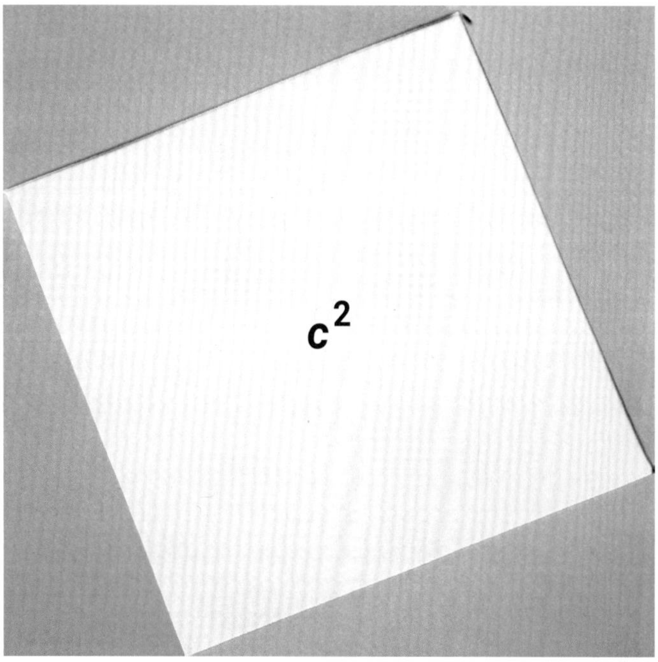

$c^2 = (a + b)^2 - 4 \cdot \frac{1}{2}\, b = a^2 + 2a \cdot b + b^2 - 2a \cdot b = a^2 + b^2$

Damit ist der Satz des Pythagoras bewiesen.
Die folgende Anordnung kann als Beweisidee ins Heft eingeklebt werden:

Soziale Voraussetzungen und innere Bereitschaft

Ebenso wichtig wie die fachlichen Voraussetzungen sind die sozialen. Diese waren noch nie so wichtig wie in Zeiten von sozialen Medien. Hierzu gehören eigenverantwortliches Arbeiten, die Fähigkeit, einander zuzuhören und teamorientiert arbeiten zu können. Bei offenen Unterrichtsformen ist die Lehrperson am stärksten im sozialen Bereich gefordert. Richten Sie Ihre Aufmerksamkeit auf die Lernatmosphäre! Im schlimmsten Fall brechen Sie das Stationenlernen ab und versuchen es in der nächsten Stunde erneut. Nicht alle Klassen haben bereits einen solchen Reifegrad, dass sie mit Eigenverantwortlichkeit umgehen können. Seien Sie vor allem am Anfang sehr klar und konsequent!

Ein Konzept, in dem Lernende eigenverantwortlich arbeiten, ergibt nur dann Sinn, wenn die Lernenden das auch wollen. Zeigen Sie die Vorteile und die besonderen Herausforderungen auf und fragen Sie anschließend ihre Schülerinnen und Schüler, ob sie bereit sind, sich auf das Stationenlernen einzulassen. Bisher habe ich es noch nie erlebt, dass eine Klasse „Nein“ gesagt hat.

Vorteile

- Die Lernenden können sich im Unterricht bewegen: Dadurch wird ein Lernen mit allen Sinnen ermöglicht.
- Der Lernprozess wird intern, vom Schüler selbst, gesteuert: Jeder bestimmt für sich, wann er welche Aufgabe bearbeiten möchte.
- Insbesondere kann jeder in seinem individuellen Tempo arbeiten. Der Unterricht ist nicht mehr „getaktet“.
- Der Lernzirkel ermöglicht eine Differenzierung im Schwierigkeitsgrad. Es muss nicht jeder zur selben Zeit dasselbe Lernen.
- Jeder geht zu der Station, die er ansprechend findet. Daher treffen sich die, die an derselben Aufgabe interessiert sind *(themenzentrierte Gruppeneinteilung)*.
- Mathematik wird versprachlicht. Es wird viel mehr im Unterricht über Mathematik gesprochen als bei einem lehrerzentrierten Unterrichtsstil.
- „Lernen an verschieden Orten“ ist mehr als einfach „bewegendes Lernen“. Wenn der Schüler nach der Bearbeitung einer Station aufsteht und sich einer anderen zuwendet, die sich an einem anderen Ort befindet, tut er das nicht nur in Gedanken, sondern auch *räumlich*. Auch nach dem Stationenlernen (z. B. in einer Klassenarbeit), kann der Lernende gedanklich durch den Raum gehen und an den entsprechenden Orten die Aufgaben abrufen.
- Eigenverantwortlichkeit kann in einem überschaubaren Rahmen trainiert werden (siehe Herausforderung).
- Der Heftaufschrieb ist keine Tafelkopie. Lernende sind mehr als Kopierer, sie sind die Konstrukteure ihrer eigenen Aufschriebe. Die eigene Konstruktion ist ein wesentlicher Faktor für nachhaltiges Lernen.

Herausforderungen

- Eigenverantwortliches Arbeiten bedeutet, dass man sich als Lernender eine eigene Struktur erschaffen muss. Was will ich heute verstehen? Was bearbeite ich als Hausaufgabe? Wie viel Zeit investiere ich in welche Aufgabe? Im konventionellen Unterricht wird der Schüler von außen gesteuert. Die Lehrkraft gibt dort die Struktur vor: Thema, Geschwindigkeit und Hausaufgaben. Das ist weniger effektiv für das Lernen, auch wenn es auf den ersten Blick scheinbar einfacher und kontrollierbarer ist.
- Ein eigener Heftaufschrieb will gelernt sein. Für manchen ist es eine Überforderung. In Abschnitt „6. Regeln" wird daher eine Übung vorgeschlagen.

Zeitliche Voraussetzung

Für die Durchführung des Stationenlernens Pythagoras' benötigen Sie, je nach Klasse und Nachbereitung, etwa zwei bis drei Schulwochen.

½ Schulstunde	Einführung Experiment „Begreifen durch Begreifen" (S. 12) Aufbau der Stationen, Rundgang Einführung von Regeln
6 bis 8 Schulstunden	eigenverantwortliches Arbeiten an den Stationen Erstellung eines eigenen Heftaufschriebs, mehrmaliges gemeinsames Betrachten der Aufschriebe
1 Schulstunde	Selbsteinschätzung (S. 59) unbenoteter Test (S. 60) als Hausaufgabe: gegenseitige Korrektur
1 Schulstunde	Besprechung des Tests Besprechung von allgemeinen Schwierigkeiten
1 Schulstunde	Verortung und Mapping des Themas (S. 23, Landkarte des Wissens) Schlussreflexion

Vertrautheit mit den Aufgabe

Tipp: Es hilft, wenn Sie die Aufgaben erst einmal allein durchrechnen. Dann kennen Sie die Ideen und Herausforderungen und wissen, welche Stationen in den Unterricht passen und ob Sie überhaupt alle Stationen auslegen wollen. Wenn Sie wenig Zeit haben, dann können Sie die Lösungen auch überfliegen.

1.2 Begreifen durch Begreifen

Die Bedeutung des realen Begreifens ist leider nicht mehr jeder und jedem unmittelbar verständlich. Was ist so wichtig am „Begreifen"? Warum macht weniges Material an einer Station einen so großen Unterschied in Nachhaltigkeit und Verständnis?

Werfen wir ein Blick auf die Robotik: Moderne Roboter, die mit einer künstlichen Intelligenz ausgestattet sind, „lernen" in der Interaktion mit ihrer Umwelt. „Lernen" bedeutet hier, dass die innere Programmstruktur anpasst wird. Dazu benötigt der Roboter erstens eine Sensorik und zweitens eine Motorik, damit er mit seiner Umwelt interagieren kann. Die Sensorik allein genügt nicht, erst das Zusammenspiel von eigener Motorik und eigener Sensorik ermöglicht den Aufbau einer Vorstellung von der ihn umgebenen Wirklichkeit. Es reicht also nicht, dass der Lernende in Kontakt mit dem jeweiligen Wissensgebiet kommt, er muss aktiv begreifen, um zu begreifen. Das zeigt das Experiment „Begreifen durch Begreifen" sehr eindrucksvoll.

Experiment: Begreifen durch Begreifen

Zum Begreifen ist unbestreitbar ein direkter Kontakt nötig. Aber der bloße Kontakt ist nicht ausreichend, um ein inneres Bild von einem Gegenstand zu erzeugen. Das Gehirn braucht, um nachhaltig zu begreifen, das Zusammenspiel von Sensorik und Motorik, was folgendes Experiment verdeutlicht:

Für die Durchführung benötigen Sie einen Partner, der die Augen geschlossen hält und seine Hand fixiert, indem er Handrücken und Finger gegen eine feste Unterlage presst. Die Idee ist, dass die Hand ihrer motorischen Fähigkeiten beraubt wird. Selbst die Fingerkuppen dürfen von dem „Blinden" nicht eigenständig bewegt werden.

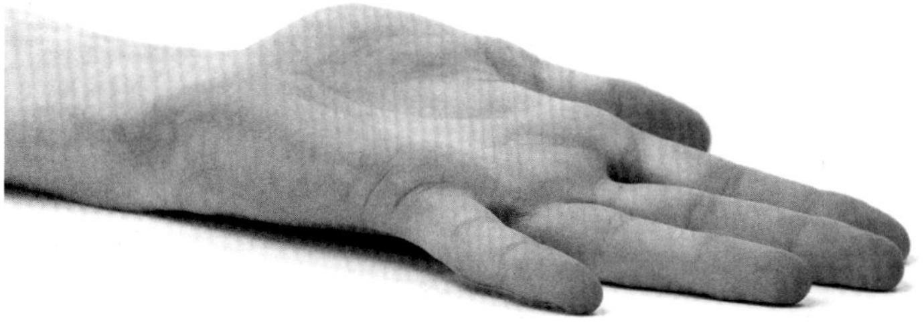

Nehmen Sie einen für den „Blinden" möglichst unbekannten Gegenstand. Das kann ein Mäppchen, ein Füller, eine Flasche, eine Handtasche oder ein Schlüssel sein, am besten etwas, was der Betrachter nicht kennt. Auch sollen keine Geräusche entstehen, da sonst weitere Sinnesorgane beteiligt werden.

Versuchen Sie dem „Blinden" über direkten Kontakt nahezubringen, um was für einen Gegenstand es sich handelt. Sie können den Gegenstand beispielsweise stark oder leicht auf die Fingerkuppen drücken, Sie können ihn in unterschiedlicher Geschwindigkeit vorbeistreichen lassen und von allen möglichen Seiten andrücken. Der „Blinde" versucht zu erraten, was für einen Gegenstand Sie ihm nahebringen wollen. Lassen Sie sich Zeit und geben Sie der fixierten Hand alle erdenklichen Möglichkeiten, den Gegenstand zu fühlen. Verändern Sie die Druckstärke, ermöglichen Sie den Kontakt zu allen Ecken und Kanten. Lassen Sie dabei nie den Gegenstand los, um dessen Eigengewicht nicht zu verraten.

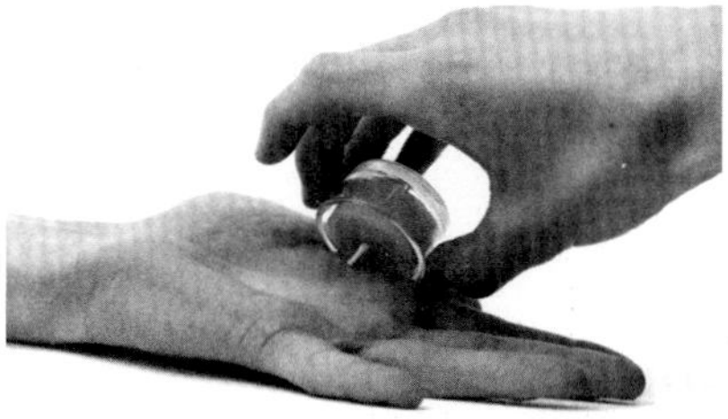

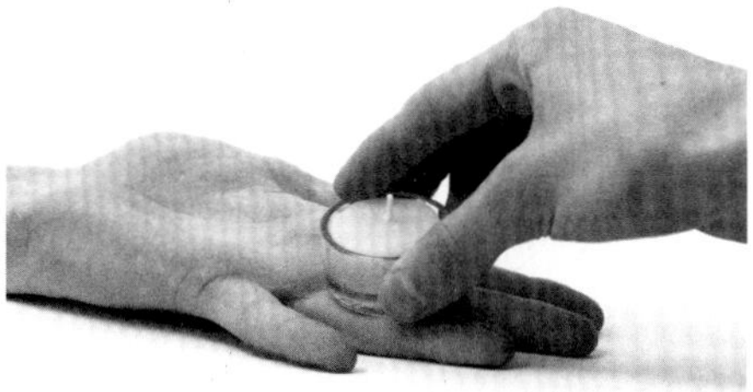

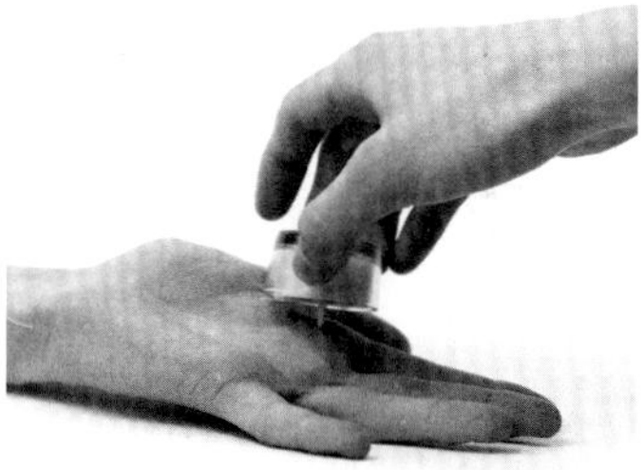

Dann bringen Sie den Gegenstand außer Sichtweite und befragen Ihr Gegenüber. Es soll alles, was es über den Gegenstand erfahren hat, äußern. Das ist meist wenig! Geben Sie jetzt dem „Blinden" erneut den Gegenstand. Er kann jetzt mit einer oder beiden Händen aktiv tasten. Es ist erstaunlich: Was passiv (ohne Verwendung der Motorik) in 30 Sekunden oder länger nicht möglich war, wird durch aktives Begreifen im Bruchteil einer Sekunde „erfasst".

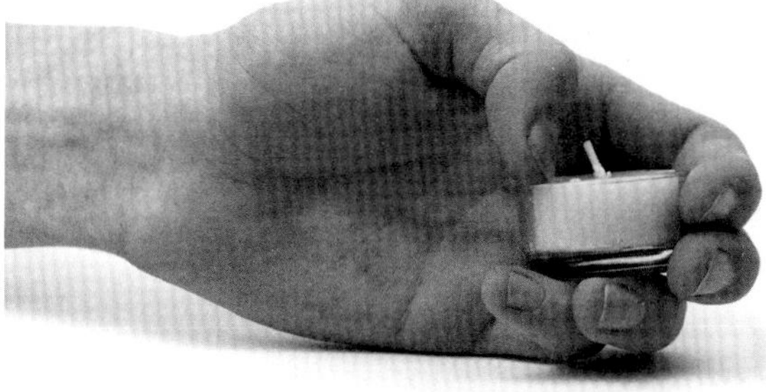

Aktiv begreifen, um zu begreifen

Erst durch das eigene Handeln, dem individuellen Nutzen der eigenen Motorik in Kombination mit den eigenen Sinnesorganen, wird ermöglicht (hier mit dem Tastsinn), dass ein Bild im Bewusstsein konstruiert werden kann. Sie müssen aktiv begreifen, um zu begreifen! Sie müssen wissen, mit welchem Druck Sie auf den Gegenstand einwirken, während Sie fühlen. Sie müssen erleben, wie schnell Sie die Fingerkuppe am Gegenstand entlangstreichen.

Es ist ganz und gar nicht egal, ob Sie passiv oder aktiv mit dem Gegenstand Kontakt aufnehmen. Erst mit der eigenen Aktivität können Sie Daten von dem Gegenstand erzeugen. Beachten Sie die Wortwahl: Sie benötigen für die eigene Konstruktion einen *Gegenstand*, der Ihnen aufgrund Ihres eigenen Handelns *entgegensteht*. Auf diese Weise konstruieren Sie Wissen.

Daher ist es grundlegend, dass die Lernenden selbst handeln. Die Sensoren sind zwar auch „an“, wenn nicht gehandelt wird, aber das Bewusstsein kann die Eindrücke nicht interpretieren, da es nicht weiß, was getan wurde. Begreifen ist also weit mehr als nur im direkten Kontakt mit dem (Lern-)Stoff zu sein. Um zu begreifen, muss man mit den Inhalten umgehen, damit spielen.

Schulstoff, der weh tut?

Ich möchte noch ein symbolisches Bild aufzeigen. Angenommen, es soll raues Schmirgelpapier ertastet werden. Was geschieht, wenn es unter Zwang zum direkten Kontakt kommt? Dann reibt das Schmirgelpapier am Schüler und es kommt zu Verletzungen. Härteres „Durchgreifen“ trägt nicht zum Verstehen bei, die Rauheit der Körnung wird nicht durch äußere Gewalt begriffen. Der Schüler begreift in dieser „Lernanordnung“ nur, dass der Stoff weh tut (Bild links).

Es ist etwas ganz anderes, wenn er selbst das Schmirgelpapier „begreift“ (Bild rechts). Dann kennt er den Anpressdruck, das Zusammenspiel zwischen der Wirkung auf seine Sensoren, seines Tastsinns, und seiner Aktion. Es ist nicht der Stoff, der verletzt, es ist die Art und Weise des Kontaktes. Das ist die grundlegende Idee von handlungs- und erlebnisorientierter Didaktik.

Begreifen statt Wischbewegungen

Handlungsorientierung ist für die Schule so bedeutsam geworden wie noch nie. So wichtig moderne Medien im Unterricht sind, digitale Oberflächen sind strukturlos, sie ermöglichen Wischbewegungen, aber kein echtes Begreifen. Da in jeder Umgebung nur das geschehen kann, was im Möglichkeitsraum der Umgebung enthalten ist, braucht es das Angebot von haptischem Material, damit das Zusammenspiel von Motorik und Sensorik überhaupt möglich wird. Es gibt immer mehr Schüler, die Phänomene nur am Bildschirm „erleben“.

1.3 Vorbereitung

Notwendige, materielle Vorbereitung

Das ist zu tun:
Damit „Begreifen“ möglich wird, brauchen Sie das zugehörige Material. Sie finden die Liste der benötigten Materialen im Stationenteil auf S. 30.

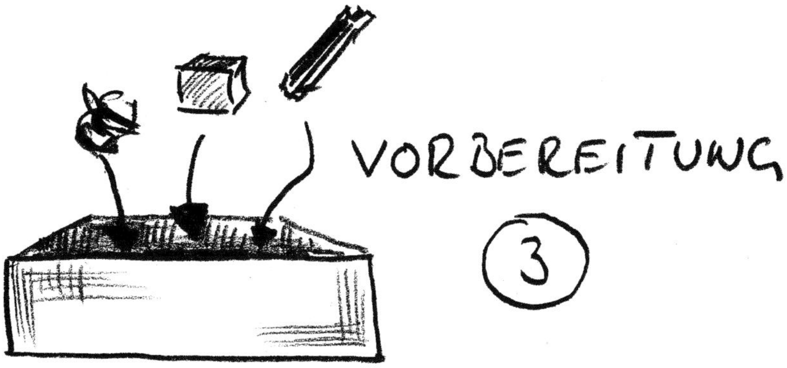

Hinweis: Sollten Sie keine passende Box zur Hand haben, so besteht die Möglichkeit, unter der Bestellnummer 14874 eine solche zu erwerben. (siehe S. 16)

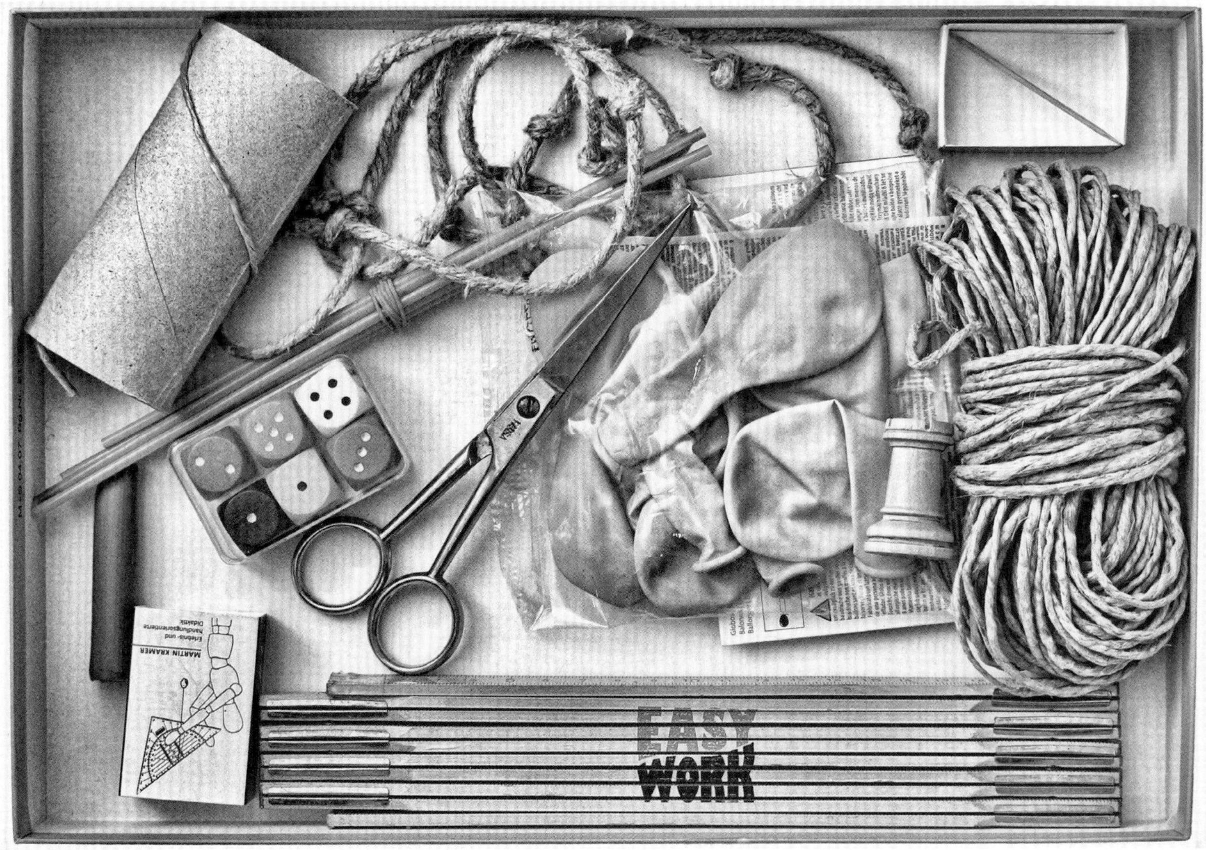

Die Lösungsvorschläge (S. 46 – 52) werden kopiert und in beschriftete Umschläge (1 – 14) gelegt.

Optional

- „Laufzettel“ für die Lernenden (Klassensatz, S. 31)
- Selbsteinschätzungsbogen (Klassensatz, S. 59)
- Test mit zugehörigem Lösungsvorschlag (jeweils als Klassensatz, S. 60 und 61)
- „Landkarte des Wissens“ (Klassensatz, S. 58)

Ihre Materialien übersichtlich aufbewahren

Zu allen Materialien der Reihe „Begreifen durch Begreifen: Lernen in Stationen" kann auf der Webseite des Friedrich Verlags eine Box im passenden DIN-A4-Format bestellt werden.

www.friedrich-verlag.de
Bestellnummer: 14874
6,95 €

Im Download-Bereich der einzelnen Lernstationen finden Sie zudem eine fotografische Darstellung, was in der Box zu der jeweiligen Lernstation enthalten sein sollte sowie eine Materialliste.

1.4 Aufbau der Stationen

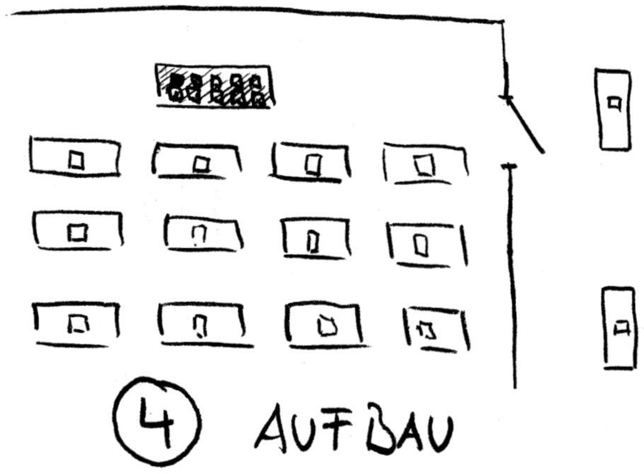

Stationen

Alle privaten Dinge verschwinden vom Tisch. Es liegen nur die Aufgabe und der zugehörige Gegenstand auf dem Tisch, alles andere lenkt ab. Wie in der Skizze angedeutet, können zwei Tische vor das Klassenzimmer in den Gang gestellt werden.

Jede Station wird, in Anlehnung an die Loci-Technik, in jeder Stunde an derselben Stelle aufgebaut. Auf diese Weise können die Lernenden meist sogar Wochen später angeben, wo sie welche Aufgabe bearbeitet haben.

Lösungen

Natürlich können die Lösungen auch direkt ausgelegt werden. Steckt man diese allerdings in einen Umschlag, so dürfen die Lernenden die Lösung erst „auspacken"; dadurch wird sie mehr geschätzt. Man denke hierbei etwa an das Öffnen von Losen bei einer Tombola: „Stimmt mein Ergebnis, habe ich gewonnen?"

Hinweis: Achten Sie bereits beim ersten Aufbau darauf, dass nicht Sie allein die Stationen aufbauen. Ansonsten räumen Sie hinterher auch alles wieder auf. Die Idee ist, dass Sie so viel wie möglich an die Lernenden delegieren; auf diese Weise wird das Stationenlernen zum Selbstläufer. Achten Sie darauf, dass Sie für den unterrichtlichen Ablauf nicht gebraucht werden, denn nur so haben Sie Zeit, um auf einzelne Lernende individuell einzugehen. Selbst im Vertretungsfall läuft der Unterricht dann in selbstverständlicher Art und Weise einfach weiter.

1.5 Überblick

Raumgang: Ein erster Überblick

In den ersten fünf Minuten wird keine Station bearbeitet. Es herrscht Stille, auch kein Flüstern. Alle Lernenden lesen sich die Aufgaben durch und verschaffen sich einen Überblick von dem Aufgabenangebot. „Was spricht mich an?" „Mit welcher Aufgabe möchte ich anfangen, welche vorerst beiseitelassen?" Für die nächsten sechs bis acht Stunden sind die Stationen der Rahmen, in dem der Mathematikunterricht stattfindet.

Nach ca. fünf Minuten geht jeder zu der Aufgabe, mit der er gern anfangen möchte. Auf natürliche Weise treffen sich so die Lernenden mit ähnlichen Interessen. Anschließend erhalten alle Lernenden einen Laufzettel (siehe Material auf Seite 30).

Bevor es losgeht, erklärt die Lehrperson die Regeln. Dazu gehört insbesondere, dass jeder für seinen eigenen Heftaufschrieb individuell verantwortlich ist.

Binnendifferenzierung

Die Stationen wurden, aus Sicht des Autors, entsprechend der Schwierigkeit eingefärbt. Grün steht für Basiswissen, Gelb für mittelschwere und Rot für anspruchsvolle Aufgaben. Die farblichen Einschätzungen sind mit Vorsicht zu betrachten: Leicht ist eine Aufgabe für den, der sie als leicht empfindet. Jede Angabe ist stets subjektiv, dennoch hoffe ich, eine ungefähre Orientierung geben zu können.

1.6 Regeln

Regeln zum Ablauf

§1 Die Aufgaben der Stationen werden nicht (!) nachbesprochen.
Der Stoff des Lernzirkels ist relevant für die Klassenarbeit. Er wird nicht (auch nicht im Anschluss an das Stationenlernen) durch die Lehrkraft vorgetragen.

Das ist eine ungewöhnliche und gleichzeitig auch die wichtigste Regel. Durch diese wird das Lernen eigenverantwortlich. Wenn die Lehrperson hinterher nochmal alles vorrechnet, dann braucht es kein Stationenlernen.

Hier klar zu sein ist vor allem dann wichtig, wenn die Schülerinnen und Schüler zum ersten Mal einen Lernzirkel erleben. Mitunter haben Lernende „falsche" Erfahrungen gesammelt:

- *Gruppenarbeit ist Zeit zum Ausruhen: Einer in der Gruppe erledigt die Aufgaben.*
- *Gruppenarbeit kann nicht von der Lehrkraft überprüft werden, deswegen wiederholt sie sowieso den Stoff am Ende der Einheit nochmals.*

Die Lernenden haben die Möglichkeit zur Selbstkontrolle. Einerseits liegen die Lösungen aus, anderseits stehen Sie für Fragen zur Verfügung.

§2 Die Stationen bleiben an ihrem Ort liegen.
Man weiß nicht nur, was man gelernt hat, sondern auch wo. Auf diese Weise kann der Lernende über den Ort Gelerntes wieder abrufen (Loci-Technik). Verstärken kann man die Wirkung des Ortes, wenn man die Tische (bei 12 ausgewählten Stationen) wie bei einem kleinen 3 x 4-Memory stellt (vgl. Tischordnung in Abschnitt I, Vorbereitung).

Rein optisch verdeutlicht die Umgestaltung des Raumes, dass ein Unterricht mit Stationen von dezentraler Natur ist. Hat man weiteren Raum zur Verfügung (Nebenzimmer, Gang), so kann man den Unterricht entsprechend räumlich ausdehnen.

§3 Ortsfeste Lösungen
An einem bestimmten Ort (zum Beispiel am Pult oder an der Pinnwand) kann der Schüler jederzeit die Lösungen zu den einzelnen Stationen einsehen. Die Lösungen sind so stets erreichbar und nicht irgendwo unterwegs. Damit wird die „Methode der Orte" (vgl. §2) konsequent weitergeführt.

Die Lösungen werden demnach räumlich von den Aufgaben getrennt. Sie dürfen nicht mit an den Platz genommen werden. Das hat einen didaktischen Grund: Es soll die Idee zur Lösung transportiert werden, nicht diese selbst. Entscheidend ist nicht das, was im Heft steht, sondern das, was gelernt wurde.

§4 Generelle Fragen und Probleme
Wenn jemand ein Problem hat, von dem er vermutet, dass es für viele in der Klasse interessant und hilfreich ist, schreibt er es auf ein dafür vorgesehenes Blatt (z. B. am Tisch mit den Lösungen). Diese Fragen werden in einem passenden Moment im Plenum zusammen mit der Lehrkraft abgearbeitet.

§5 Nur Gruppen-, keine Einzelfragen
Das ist ein organisatorischer Kunstgriff: Die Lernenden müssen sich auf eine Frage *einigen*. Lassen Sie zu, dass jeder sofort die Lehrkraft fragen darf, besteht die Gefahr, dass Sie sehr bald von Fragen überhäuft sind. Eine alternative Regel: Bevor eine Frage an die Lehrkraft gerichtet wird, soll mindestens 30 Sekunden mit einem Mitschüler darüber gesprochen werden.

Mit dieser Maßnahme werden sehr viele Fragen herausgefiltert und Sie haben für echte individuelle Betreuung Zeit. Weiter ist es für die Gruppendynamik förderlich, wenn Lernende zuerst untereinander versuchen, Fragen zu klären.

Die für die Lehrkraft gewonnene Zeit ist von unschätzbarem Wert. Sie können beobachten, intervenieren, sich um einzelne brillante Denker kümmern, sowie Langsameren etwas Schritt für Schritt erklären. So diskutierte ich z. B. mit einer kleinen Schülergruppe die Formel für die Raumdiagonale eines vierdimensionalen Würfels und erklärte einer anderen die Flächenformel für ein Dreieck. Eine höchst individuelle Betreuung ist möglich, da das Stationenlernen den Fortgang des Unterrichts übernimmt.

§6 Verlassen einer Station
Jede Station wird so verlassen, wie sie angetroffen wurde. Die Idee ist, dass jeder neu Hinzukommende selbst haptisch konstruieren kann. Soll beispielsweise die Höhe einer quadratischen Pyramide berechnet werden, dann ergibt es Sinn, dass der Lernende diese auch selbst aufbauen kann und kein fertiges Objekt erhält.

§7 Pausen außerhalb des Klassenzimmers
Die Lernenden können sich ihre Pausen selbst einteilen. Da alle zu unterschiedlichen Zeiten mit einer Aufgabe oder Teilaufgabe fertig sind, finden die Pausen entsprechend individuell statt. Die einzige Bedingung ist, dass wer nicht arbeitet, das Klassenzimmer verlässt. Damit sind Pausenraum und Arbeitsraum räumlich getrennt und es herrscht eine entsprechende Arbeitsatmosphäre.

§8 Artet das Stationenlernen in ein Chaos aus, so wird abgebrochen.
Im „Normalunterricht" müssen und sollen die Lernenden still auf ihren Plätzen sitzen. Löst man allerdings diese Ordnung auf und dürfen sie sich bewegen, können sie mit der erhaltenen Freiheit mitunter nicht umgehen. Vor diesem Hintergrund ist ein sehr klares Auftreten sinnvoll. Die Lehrkraft sollte innerlich bereit sein für den Moment, um abzubrechen. Läuft das Stationenlernen erstmal, kommt der eigentliche Vorteil heraus: kollektives und kameradschaftliches Arbeiten untereinander.

Der Umgang mit der Strenge ist ein Drahtseilakt: Tritt man zu disziplinarisch auf, vergeht den Lernenden die Lust und Ängste stehen im Vordergrund. Den Lernenden sollte erklärt werden, warum die Lehrkraft trotz der offenen Form klarer als sonst im Unterricht auftritt.

§9 Wer Material beschädigt, repariert oder ersetzt es.
Damit wird der Wert des Materials (Stationenkarten, ausgelegtes Material) hervorgehoben. Man lernt leichter mit Dingen, die ansprechend aussehen, die man gern „begreift". Lernen hängt eng mit Ästhetik zusammen.

§10 Jeder Lernende ist für seinen Heftaufschrieb selbst verantwortlich.
Sammeln Sie am Ende des Lernzirkels die Hefte ein und teilen Sie ihren Lernenden mit, dass Sie gespannt sind, wie der eigenverantwortliche Aufschrieb geklappt hat. Damit unterstreichen Sie den Wert der eigenen Notation. Entscheidend ist Ihr Interesse; Noten braucht es dafür nicht. Ein stärkeres Konzept als die äußere Überprüfung durch die Lehrkraft ist das folgende systemische Vorgehen.

Systemische Intervention: Heftaufschrieb
Einen eigenen Heftaufschrieb zu erstellen, in dem ich mich auch noch in drei Wochen zurechtfinde, z. B. wenn ich mich auf die Klausur vorbereite, ist nicht einfach und will gelernt werden.

Ein mögliches Vorgehen für die Praxis gelingt mit einer Aufstellungsarbeit[2] zum stärksten oder besten Hefteintrag:

1. Teilen Sie den Lernenden vor der Arbeit mit dem Stationenlernen mit, dass bei jeder Station die Erstellung eines Heftaufschriebes gefordert ist, der für Lesende nachvollziehbar und ästhetisch ansprechend ist. Es gibt dafür keine Note, aber zu Beginn der nächsten Doppelstunde werden die Hefteinträge gemeinsam angeschaut und es wird nach Stärken gesucht.
2. In der kommenden Doppelstunde legen alle ihre Hefte aufgeschlagen auf den Tisch. Wenn völlige Stille herrscht, stehen alle auf. Schweigend gehen die Lernenden durch den Raum und sehen sich die Aufschriebe ihrer Mitschüler an. Dazu haben sie ca. fünf Minuten Zeit. Die Aufgabe ist, den (subjektiv) besten Heftaufschrieb zu finden. Wer seinen Favoriten gefunden hat, stellt sich zu dem entsprechenden Heft. Und wer mindestens eine konkrete Begründung hat, verschränkt zum Zeichen die Arme. Wenn es schwer ist, *den* stärksten Heftaufschrieb zu finden, dann soll man sich für *einen* stärksten entscheiden. Wenn jeder sich entschieden hat, geht es weiter.
3. Im Allgemeinen verteilt sich die Klasse auf unterschiedliche Hefte. Offensichtlich gibt es nicht den besten Hefteintrag. Das wundert nicht, da bekanntlich Geschmäcker verschieden

2 Aufstellungsarbeit zu fachlichen Themen ist ein sehr starkes unterrichtliches Werkzeug, welches ohne Vorbereitungszeit eingesetzt werden kann. Wenn Sie tiefer einsteigen möchten, werden Sie Freude an dem Buch haben: Martin Kramer: „Aufstellungsarbeit im Klassenzimmer – ein stiller Paradigmenwechsel", Seelze: 2019.

sind. Allerdings gibt es Strategien, die erfolgsversprechend sind. Die Lernenden begründen so konkret wie möglich ihren Standpunkt. Aufgabe der Lehrperson ist es, auf die Exaktheit der Aussagen zu achten. „Allgemeine Wahrheiten“ wie etwa *„Das Heft ist übersichtlich gestaltet“* oder *„Farben wurden sinnvoll eingesetzt“* helfen wenig. Fragen Sie also nach, wodurch das Heft übersichtlich gestaltet oder wo eine Farbe sinnvoll eingesetzt wurde. Am besten zeigt eine Feedback gebende Person mit dem Finger genau auf die Stelle, die sie oder er für gelungen hält.

4. In einem weiteren Schritt wird nach Verbesserungs- und Entwicklungsvorschlägen gefragt. Die Gefahr einer Bloßstellung ist an dieser Stelle unproblematisch, schlichtweg deswegen, weil nur die besten Hefte besprochen wurden. Es ist eine Auszeichnung für den Besitzer, wenn sein Heft von vielen als besonders gelungen angesehen wird.

Der Fokus soll in der Übung wieder und wieder darauf gerichtet werden, dass es darum geht, einen für sich persönlich und individuellen besten Heftaufschrieb herstellen zu können. Die anderen Hefteinträge zeigen Möglichkeiten auf, aber jeder entscheidet für sich selbst, was für einen selbst gut und richtig ist.

Didaktische Bemerkungen

- Die Lernenden erleben, dass es nicht den besten Heftaufschrieb gibt. Es geht um Individualisierung, um Subjektivität. Häufig gibt es in der Schule scheinbar die „richtige Lösung“ oder „die beste Arbeit“.
- Die Übung ist stärkenorientiert. Es wird das Gelungene analysiert und betrachtet und nicht das Misslungene. In Klassenarbeiten wird üblicherweise das Defizit rot angestrichen. Hintergrund der Stärkenorientierung ist, dass das in den Fokus rückt, mit dem weitergearbeitet werden soll. In Schritt 4 wird aufgezeigt, dass das Ziel eines perfekten Heftaufschriebes nie erreicht werden kann. Der Heftaufschrieb ist eine Kunst und wie bei jeder Kunst geht es immer weiter, gibt es stets Entwicklung.
- Bitte führen Sie die Übung nicht unter „verkehrtem Vorzeichen“ durch, etwa dass die Lernenden nach dem schlechtesten Heft Ausschau halten. Das hätte Bloßstellung und Verletzung zur Folge und ist „schwarze Pädagogik“.
- Es ist sehr wichtig, dass vor dem Aufschrieb klargestellt wird, dass dieser später öffentlich gemacht wird. Ein Heftaufschrieb ist etwas sehr Persönliches. Ebenso soll vereinbart werden, ob im Heft geblättert werden darf oder nicht. Empfohlen wird, dass beim ersten Durchlauf nicht geblättert wird. Die Lernenden können sogar in ihrem Heft Flächen abdecken, die sie nicht zeigen möchten.
- Es ist gut, wenn die Übung regelmäßig durchgeführt wird. Beim nächsten Mal kann man Gesehenes umsetzen. Die zeitlichen Abstände können mit der Zeit größer werden.

1.7 Durchführung

Für den Fortgang des Unterrichts brauchen Sie jetzt nicht mehr zu sorgen. Der Unterricht ist ab jetzt ein Selbstläufer. Sie haben die Möglichkeiten, zu beobachten oder sich um sehr schnelle oder langsame Lernende zu kümmern. Im ersten Moment kann sich das seltsam anfühlen, wenn der Unterricht Sie nicht mehr „braucht“. Nach kurzer Zeit werden Sie großen Gefallen an der neuen Rolle finden.

Nehmen Sie sich ab und an komplett aus dem Unterrichtsgeschehen heraus und beobachten Sie die Szene von außen. Es ist ein Blick, den Sie im „normalen“ Unterricht nicht haben.

1.8 Vertiefung und Verortung

Vorgestellt werden fünf Möglichkeiten zur Nachbereitung. Alle orientieren sich an einer systemischen Didaktik, insbesondere nehmen Lernende unübliche Rollen ein.

Selbsteinschätzung
Nach Abschluss des Stationenlernens schätzen die Lernenden sich selbst anhand eines Kompetenzrasters (Material Selbsteinschätzungsbogen, S. 59) ein. Anschließend erteilen sie sich selbst eine Note. Die Selbsteinschätzung ist eine Selbstreflexion und braucht niemandem gezeigt zu werden. Es ist sinnvoll, die Selbsteinschätzung vor der Fremdeinschätzung durchzuführen.

Hintergrund
Ein Test (äußere Lernzielkontrolle) wird von Lernenden häufig als „wahrer“ oder „richtiger“ empfunden als die eigene innere Wahrnehmung. Das liegt vor allem daran, dass die Lernenden an Klassenarbeiten und Tests als Standardverfahren zur Leistungskontrolle gewöhnt sind. Die innere Wahrnehmung ist meist wenig geschult. Systemisch betrachtet ist jedoch weder die Fremd- noch die Selbsteinschätzung „richtiger“, vielmehr handelt es sich um zwei verschiedene Perspektiven. Es geht also nicht darum, sich für den folgenden Test „richtig“ einzuschätzen. Häufig sitzen gute Mathematiker in einer Klasse, die in Tests nicht besonders gut abschneiden. Andersherum gibt es Lernende, die schlichtweg wissen, wie man bei einem Test gut abschneidet, obwohl sie trotz guter Ergebnisse nicht sehr tief in mathematisches Denken eingedrungen sind. Selbst- und Fremdeinschätzung sind schlichtweg zwei Wahrheiten.

Fremdeinschätzung (Test)
Der Test (Kapitel 4, S. 60) orientiert sich an den Pflichtstationen bzw. an den Kompetenzen im Selbsteinschätzungstest. Er wird klassisch durchgeführt. Die Zeitvorgabe beträgt je nach Klasse zwischen 15–20 Minuten.

Vom Prüfling zum Prüfer
Anschließend werden die Tests zur Korrektur (Hausaufgabe) ausgetauscht. Dabei sucht sich jeder Schüler einen möglichst „fremden“ Mitschüler aus, d. h. jemanden, mit dem er ansonsten eher wenig zu tun hat. Korrigiert wird mithilfe eines Lösungsvorschlages (Kapitel 4, S. 61) zu Hause. Dieser kann entweder als Kopie mitgegeben oder auf eine digitale Plattform gestellt werden. Die Prüfer errechnen die Gesamtpunktzahl und unterschreiben mit ihrem Namen. Stellen Sie klar, dass keine „dummen Sprüche“ unter den Test geschrieben werden. Probleme bei der Korrektur werden in der Folgestunde gemeinsam besprochen.

Hintergrund
Die Lernenden wechseln mit der Korrektur in die Rolle des Prüfers. Dabei fühlen sie sich in die neue Rolle ein, indem sie sich überlegen müssen, wie viele Punkte und Teilpunkte sie für eine Aufgabe geben. Was genügt zur Lösung? Ist der Lösungsweg ausreichend, wie stark wird er bewertet? Was zählt ein Ansatzfehler, was ein Denkfehler? Wie reagiere ich als Korrektor auf Unlesbarkeit, wie bei zwei Lösungsvorschlägen?

Es ist nicht einfach, ein Prüfer zu sein. Dieselben Aufgaben werden von einem anderen Standpunkt aus gesehen. Vielleicht schätzen die Lernenden hinterher Ihre Korrektur mehr. Weiter lernen die Schülerinnen und Schüler, dass es keine objektiv richtigen Noten gibt, sondern dass diese vom Korrektor mit abhängen. In der erweiterten Übung „Schülerinnen und Schüler erstellen die Klassenarbeit“ (S. 24) wird zusätzlich deutlich, dass die Aufgaben an sich nicht objektiv ausgewählt werden können. Stets gibt es immer eine Person oder ein Gremium, die bzw. das Aufgaben auswählt oder korrigiert.

Aufstellung zu fachlichen Themen

Zum Abschluss werden die Stationen noch einmal aufgebaut. Die Lehrperson wartet auf Stille und stellt die Frage: „An welcher Station hast du am meisten gelernt?“ Wieder herrscht Stille, jeder beantwortet für sich die Frage, indem er zu der entsprechenden Station hingeht. Im Anschluss fragt die Lehrkraft, was *genau* jeweils gelernt wurde. Fragen Sie nach! Die Antworten sollen, wie beim Heftaufschrieb (S. 19), so exakt wie möglich gegeben werden; „allgemeine Wahrheiten“ bringen nichts.

Mit dieser Form der Aufstellungsarbeit kann weiter reflektiert werden. Interessante Fragen sind:

- „Welche Station ist am lehrreichsten?“
- „Wenn man eine Station weglassen müsste, welche sollte das sein und warum?“
- „Fehlt eine Station? Gibt es eine weitere interessante oder sinnvolle Station, welche noch nicht existiert?“

Sowohl Sie als auch die Lernenden können Fragen stellen. Zwei bis drei Aufstellungen genügen.

Hintergrund

Die Lernenden schlüpfen erneut in eine andere Rolle. Beim Test haben sie Aufgaben gelöst und sich gegenseitig korrigiert. Hier waren sie Prüflinge und Prüfer. In dieser Übung wechseln die Lernenden in die Rolle eines Teilnehmenden einer Prüfungskommission und betrachten die Aufgaben aus einer Metaebene heraus.

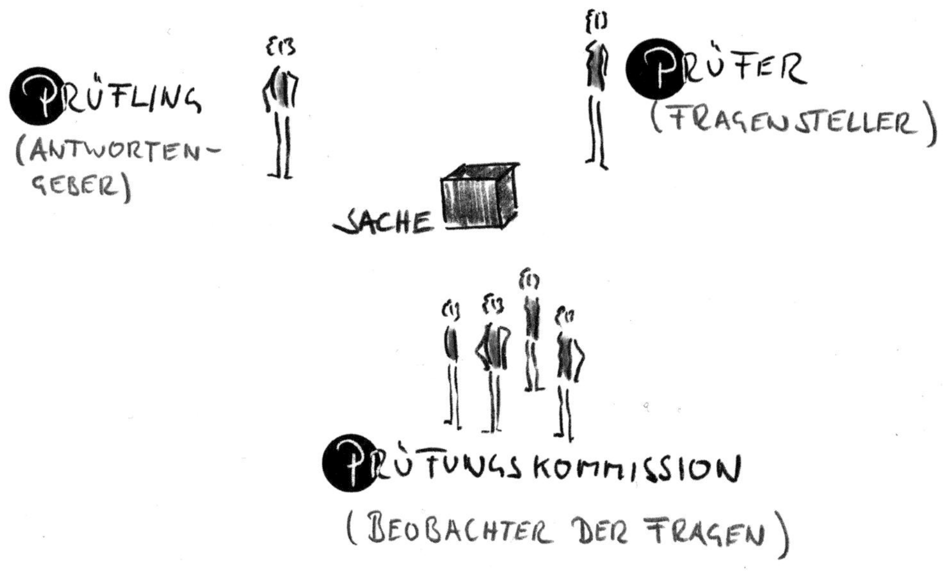

Insgesamt durchleben die Lernenden das Thema in drei verschiedene Perspektiven:
Als Prüfling, als Prüfer und als Teilnehmer einer Prüfungskommission.[3]

3 Das PPP-Prinzips (dreifacher Perspektivenwechsel: Prüfling, Prüfer, Prüfungskommission) ist ein sehr starkes Werkzeug zur Gestaltung unterrichtlicher Kommunikation. Eine ausführliche Darstellung finden Sie bei Martin Kramer: „Teamwork, Empathie, unabhängiges Denken“, erschienen bei Klett Kallmeyer 2021.

Landkarte des Wissens

Die Technik wird auch „Mapping“ oder „Clustering“ genannt und dient dem Vernetzen von Wissen. Der Fokus liegt nicht auf den einzelnen Wissensbausteinen, sondern auf deren Bezügen untereinander. Das Neugelernte, wie auch bekanntes Wissen, wird auf diese Weise vernetzt und „verortet“.

Eine Landkarte besteht aus Hauptstädten und kleineren Orten, Verbindungsstraßen und Querverbindungen. Eine ähnliche Landkarte soll für das Wissen erstellt werden. Welche Themen liegen nahe beieinander, welche Stationsaufgaben gehören zusammen, wo gibt es Verbindungen?

Diese Lerntechnik ist ebenso bei komplexeren Prüfungen und Stoffgebieten sehr sinnvoll. Die folgende Abbildung zeigt die Landkarte einer Studentin aus einer Didaktikvorlesung.

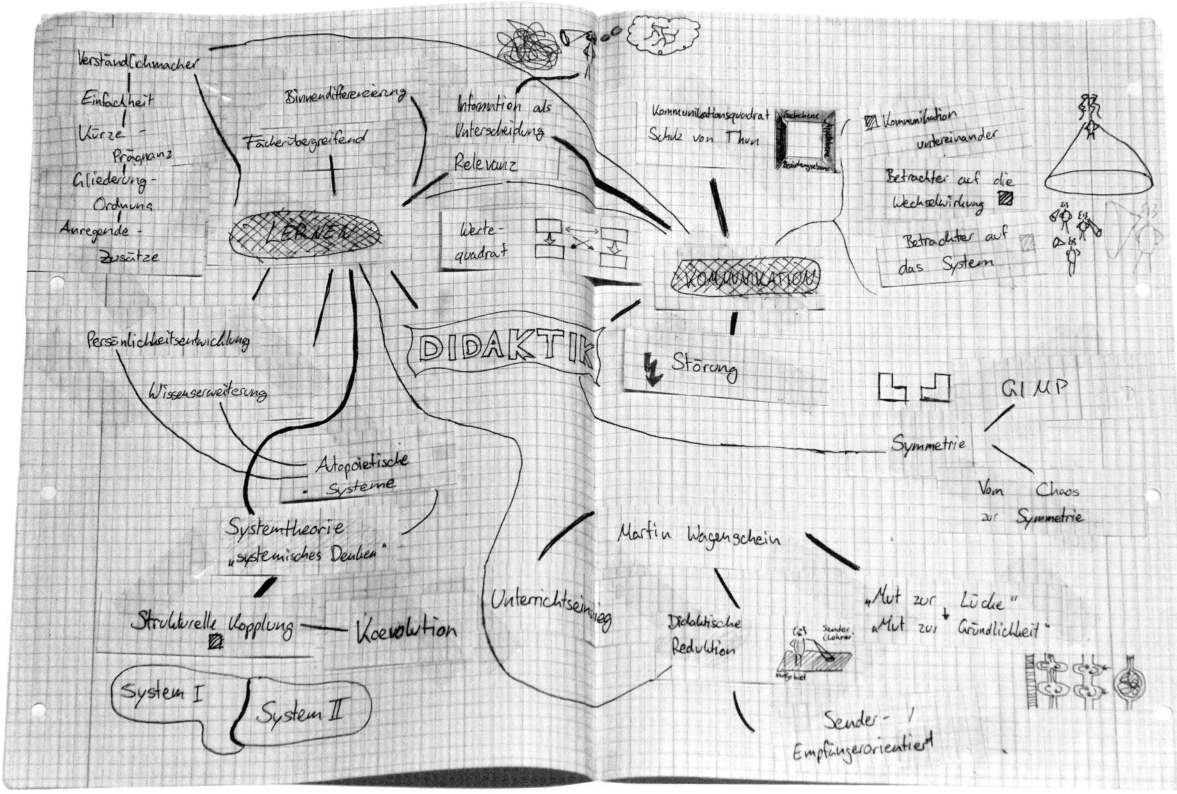

Bausteine bzw. „Städte“ für die Landkarte *Pythagoras* finden sich auf einem DIN-A4-Blatt zum Ausschneiden (Kapitel 4, S. 58). Bewusst sind nicht alle Bausteine ausgefüllt, sodass eigene von den Lernenden hinzugefügt werden können und sollen. Beziehungen zwischen einzelnen Orten (Karten) werden durch räumliche Nähe oder durch Pfeile (oder veränderbar durch Bleistifte) hergestellt.

Beschrieben ist das Mapping bisher als Einzelaufgabe; es eignet sich in dieser Form als Hausaufgabe. (Soll diese fixiert werden, kleben die Lernenden die Landkarte auf eine Doppelseite ins Heft.)

Mapping als Kleingruppenaufgabe
Die Aufgabe, eine Landkarte des Wissens zu erstellen, kann zusätzlich in der Kleingruppe (drei bis vier Personen) sehr sinnvoll erweitert werden. Jede teilnehmende Person wählt dabei fünf ihrer wichtigsten „Städte“ aus bzw. schreibt diese auf Karten. Reihum werden diese ausgespielt. Wer dran ist, ordnet alle bereits liegenden Karten neu an und fügt anschließend eine eigene Karte hinzu. Mit der Regel, dass nicht mehr als 12 Karten gelegt werden dürfen, bleibt die Übersicht erhalten. Wer die Karte Nr. 13 legt, muss eine zur Seite legen.

Die Lernenden befinden sich in einer paradoxen Situation: Die Verortung und Strukturierung des Wissens ist höchst individuell. Jeder in der Kleingruppe hat entsprechend eine andere Landkarte im Kopf. Das lässt sich leicht überprüfen, wenn die Landkarten als Hausaufgabe gestellt werden: Es wird ohne Absprache keine zwei identischen Landkarten geben. Trotzdem soll in der Gruppe um eine gemeinsame Landkarte, also um eine gemeinsame Sichtweise, gerungen werden. Hier geht es nicht um die „richtige“ Landkarte, sondern um den Austausch von Argumenten, warum ich die Inhalte gerade so und nicht anders verorte. Es ist eine sehr gute Möglichkeit, um über Mathematik zu sprechen.

Hinweis
Das Materialblatt vereinfacht die Anwendung und wird öfters und zu anderen Themen strukturiert. Ist die Vorgehensweise bekannt, ist es sinnvoller, wenn die Lernenden die Bausteine für ihre Landkarte selbst entwerfen. Beispielsweise können selbstgeschriebene Karteikarten als Landkarte ausgelegt werden.

Noch mehr Eigenverantwortlichkeit: Schülerinnen und Schüler erstellen eine Klassenarbeit
Sie können zusammen mit Ihrer Klasse noch einen Schritt weitergehen und die Klassenarbeit gemeinsam entwerfen. Diese muss nicht durch die Lehrperson fremdbestimmt sein. Die Lernenden können eigenständig Aufgaben entwerfen, wo Sie als Lehrperson anschließend die Struktur übernehmen. Schlussendlich besteht die „kommunikative Klassenarbeit“ zu ca. 70 % – 80 % von den Lernenden und, damit ein Transfer möglich wird, 20 % – 30 % aus Ihrer Feder. Sie erhalten durch die Arbeit der Lernenden einen klaren Einblick in deren Denkweise. Die Lernenden sind von der Vorgehensweise meist sehr angetan. Nicht, weil sie es sich leichtmachen wollen, im Gegenteil, sondern weil sie mitspielen dürfen.[4]

1.9 Ein letzter Hinweis zur Umsetzung

Lassen Sie sich Zeit. Offene Unterrichtsformen, die eigenverantwortliches Arbeiten fordern und fördern, die Lernende in den Mittelpunkt stellen, ihnen subjektive Entscheidungen ermöglichen, sind eine große Herausforderung. Aus einem sozialpädagogischen Blickwinkel ist selbstorganisierendes Lernen für viele Neuland. Jedoch können Lernende mehr, als nur von der Tafel abzuschreiben oder Lückentexte auszufüllen. Sie können konstruieren, sie können sich ihre eigene mathematische Vorstellungswelt erschaffen und dabei Selbstwirksamkeit erfahren. Diese Erfahrung ist eines der wichtigsten Bildungsziele überhaupt.

4 Die genaue Vorgehensweise ist ausführlich in Martin Kramer: „Teamwork, Empathie, unabhängiges Denken“, Seelze: 2021 beschrieben.

2 Didaktik

Das vorliegende Material ist Ausdruck einer Haltung dem Lernen und den Lernenden gegenüber. Dieses Kapitel gibt einen Einblick über die zugrundeliegende systemisch-konstruktivistische Didaktik.

2.1 Wie soll gelehrt werden, damit gelernt werden kann?

Der Lernende entscheidet, was gelehrt wurde

Aus heutiger Sicht kann man Lernenden, in einem direkt-kausalen Sinne, nichts beibringen. Eine direkte Schnittstelle zwischen Mensch und Wissensgebiet existiert nicht, alles Denken wird prinzipiell eigenständig konstruiert. Das ist eine Eigenart von autopoietischen (= selbsterschaffenden) Systemen, wie dem Bewusstseinssystem. Technische Systeme sind von ganz anderer Natur. Dort können Daten verabreicht, eingefügt, vervielfältigt und kopiert werden.

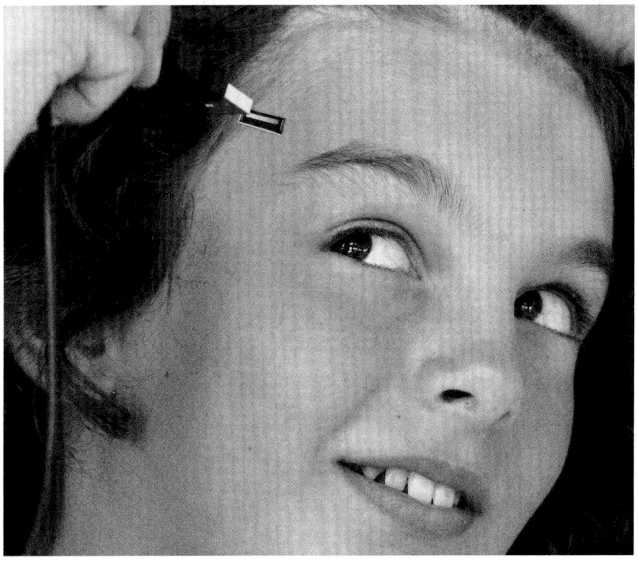

Lernen zu ermöglichen, ist keine technische Sache: Wir können unser Gehirn nicht „hochfahren" oder etwas „down- oder uploaden". Mit den Worten von Ulrich Herrmann[5]:

> „Das Gehirn ist kein Datenspeicher, sondern ein Datengenerator durch die autonome Organisation der Speicherung und Verknüpfung von Informationen und der Konstruktion von deren Bedeutungen." [6]

Die Möglichkeit einer direkten Vermittlung oder Übertragung von Stoff oder Schulwissen gibt es nicht. Eine etwaige maschinelle Vermittlung von Unterrichtsinhalten im Sinne einer Input-Output-Relation ist unbrauchbar. Friedemann Schulz von Thun[7] spricht in diesem Zusammenhang vom „Machwerk des Empfängers":

> „Die ankommende Nachricht ist ein Machwerk des Empfängers. [...] Im Unterschied zu Paketen, die mit der Post ankommen, ist der empfangene Inhalt [...] nicht gleich dem abgesendeten Inhalt." [8]

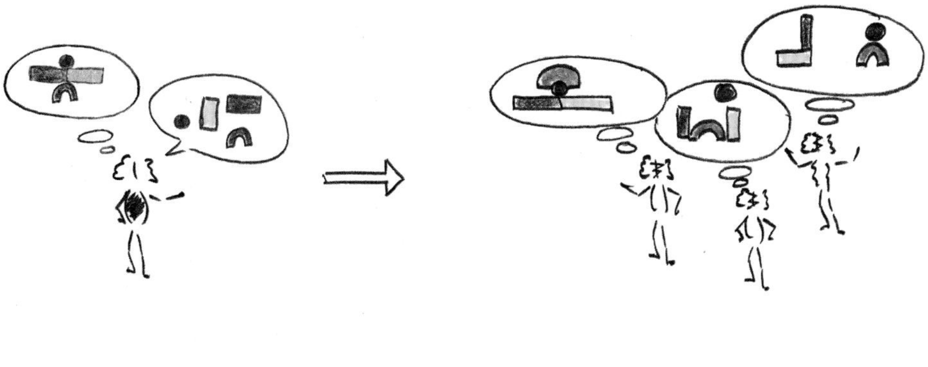

5 Prof. Dr. Ulrich Herrmann war Professor für Allgemeine und Historische Pädagogik in Tübingen und Professor für Schulpädagogik an der Universität Ulm.

6 Ulrich Herrmann: *Neurodidaktik* (2. Aufl.). Weinheim und Basel: 2009 Beltz

7 Prof. Dr. Schulz von Thun ist Psychologe und Kommunikationswissenschaftler in Hamburg. Bekannt geworden ist er vor allem durch sein Kommunikationsquadrat bzw. durch sein Vier-Ohren-Modell.

8 Friedemann Schulz von Thun: *Miteinander Reden*, Bd. 1. (48. Aufl.) Hamburg: 2010 Reinbek, S. 61

Niklas Luhmann[9] wird noch deutlicher:

> „Die Übertragungsmetapher ist unbrauchbar, weil sie zu viel Ontologie impliziert. Sie suggeriert, dass der Absender etwas übergibt, was der Empfänger erhält. [...]. Die Übertragungsmetapher legt das Wesentliche der Kommunikation in den Akt der Übertragung, in die Mitteilung. Sie lenkt die Aufmerksamkeit und die Geschicklichkeitsanforderungen auf den Mitteilenden. Die Mitteilung ist aber nichts weiter als ein Selektionsvorschlag, eine Anregung."[10]

Um einem Irrtum vorauszueilen: Dass der Schüler (= Empfänger) darüber entscheidet, was gelehrt wurde, bedeutet nicht, dass die Darstellung der Lehrperson (= Sender) nicht wesentlich ist. Das radikale an diesem Ansatz ist, dass Lernen als ein aktiver Prozess verstanden wird, der Lernende ist der Gestalter seines Wissens. Er, der Empfänger, ist der Aktive.

Indirektes Lehren: Lernumgebungen gestalten

Da Wissen nicht direkt verabreicht werden kann, rückt an die Stelle des „Trichters" (der direkten Vermittlung) die Lernumgebung (indirekte Vermittlung).

Keine Lehrperson kann sicherstellen, dass das gelernt wird, was gelernt werden soll. Aber es lassen sich Wahrscheinlichkeiten für Lernprozesse erhöhen. Diese werden erhöht durch eine ansprechende Gestaltung und durch eine geeignete Struktur und Übersicht.

Passgenaues Lernen durch den Lernenden

Das Gestalten von Lernumgebungen ist nicht einfach eine andere Technik des Unterrichtens. Lernen wird völlig anders konzeptualisiert als in einem klassischen Unterrichtsverständnis. Der Lernende ist hier viel stärker gefordert. Da der Aufbau von Wissen ausschließlich (!) ein autonomer Prozess ist, besteht die Idee darin, dass der Lernende selbst am besten entscheiden kann, was und wie er lernt. Keine Lehrperson, kein Lernprogramm kann so individuell und so passgenau das effektivste Vorgehen verordnen, wie der Lernende selbst. Das ist ein radikaler Ansatz. Es benötigt den Glauben, dass das Bewusstseinssystem des Lernenden das Richtige für seine Entwicklung tun wird.

Damit dies geschehen kann, damit in Freiheit gelernt werden kann, braucht es eine klare Struktur. Die Lernenden „einfach machen zu lassen" ist ein falsch verstandener systemischer Ansatz. Es gilt genau hinzuschauen. Es geht nicht um Willkür, etwa in dem Sinne, dass der Lernende „machen kann, was er will" und sich z. B. Vermeidungsstrategien hingibt. Der Rahmen (die Struktur) ist durch das Thema des Mathematikunterrichtes vorgegeben, aber innerhalb dieses Rahmens kann sich der Lernende frei bewegen. Das ist die Idee der vorbereiteten Umgebung bzw. des hier vorliegenden Aufgabenangebotes.

2.2 Vorbereitete Lernumgebungen

Wie sollten Lernumgebungen gestaltet werden? Was ist die Lösung?

1. Braucht es mehr *Freiheit* oder mehr *Struktur* im Klassenraum?
2. Ist *Handeln und Erleben* oder die *Abstraktion* der Königsweg?
3. Geht es beim Lernen um *Inhalte* oder um ein *soziales Miteinander*?

Es gibt keine einfache Lösung: Beide Seiten stehen für Qualitäten, die für sich gesehen jeweils „richtig" sind. Das Verständnis dieser drei grundlegenden Paradoxien sind für die Gestaltung von Lernumgebungen wesentlich. Die Lösung des Paradoxen liegt nicht in der Negierung der einen Qualität, sondern in der Entfaltung des Paradoxen.

Freiheit und Struktur – das Spiel ernst nehmen

Lernfreiheit ist wichtig. Um eigenverantwortlich gestalten zu können, benötigt der Schüler die Möglichkeit, eigene Wege zu gehen. Er weiß am besten, was er gerade lernen kann. Auch für die Lehrkraft ist die Entscheidungsfreiheit des Lernenden wichtig: In dem freien Handeln gibt der Schüler Informationen über sich preis, an denen die Lehrperson erkennen kann, wo der Schüler gerade steht.

---

9 Niklas Luhmann (1927–1998) ist der wichtigste deutschsprachige Vertreter der soziologischen Systemtheorie und der Soziokybernetik.

10 Niklas Luhmann: *Soziale Systeme. Grundriß einer allgemeinen Theorie (15. Aufl.).* Frankfurt a. M.: 2012 Suhrkamp, S. 193

Auf der anderen Seite braucht es eine klare Struktur, ansonsten wird Freiheit zu Chaos. In der Beliebigkeit gibt es keine freie Entscheidung, da es keine Struktur gibt, in der eine bestimmte Entscheidung einen Unterschied macht und somit an Bedeutung gewinnt. Struktur und Freiheit bedingen und ermöglichen sich gegenseitig.

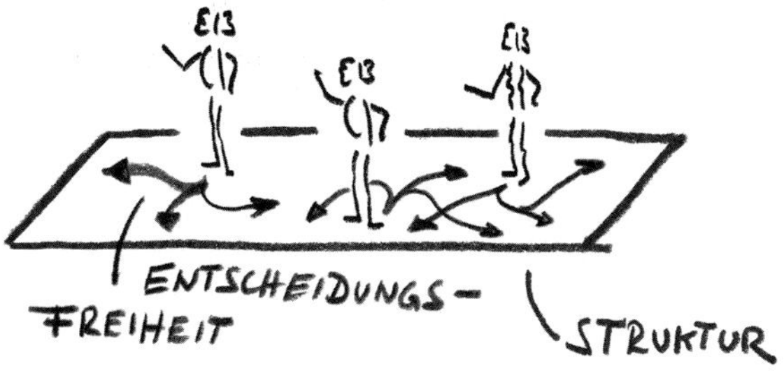

Wo gibt es ein Nebeneinander von Freiheit und Struktur? Im Spiel ist die Antwort grundlegend. Das Spiel überwindet das Paradoxe: Keine Regel ist strenger als die Spielregel. Man denke etwa an die Regeln beim Schach. Gerade dadurch, dass es einen Unterschied macht, ob eine Figur sich auf diesem oder jenem Feld befindet, entsteht ein unvorstellbarer Möglichkeitsraum, in dem sich die Spielenden frei entfalten können. Kurz: Wir müssen das Spiel für den Unterricht ernst nehmen. Das Spiel ist keine Spielerei. Es ist ein geniales Lernkonzept.

Umsetzung in der Lernumgebung
Die vorliegende Lernumgebung gibt durch das Angebot an Aufgaben eine klare Struktur vor. Der Schüler kann frei wählen, welche Aufgaben er in welcher Reihenfolge und in welcher Zeit erledigt. Wie in einem Schachspiel kann er die Felder nicht wählen, aber seine Züge bzw. seinen Weg.

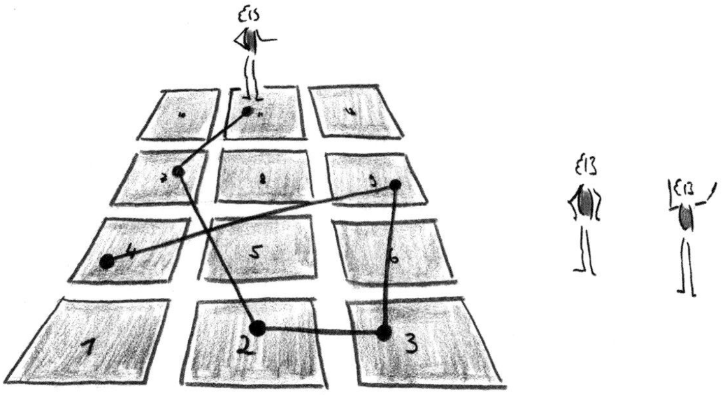

Auf diese Weise treffen sich Lernende, die dieselbe Aufgabe bearbeiten möchten, an derselben Stelle. Das Interesse ist ortskodiert. Man beachte: Jeder Lernende geht seinen eigenen Weg und trifft am Ort des Lernens Gleichgesinnte. Dieser Vorteil wird durch Freiheit und Struktur erst ermöglicht.

Weiter erhält der Schüler ein Übersichtsblatt über die verschiedenen Aufgaben. Auch dieses gibt eine Struktur vor.

Geist und Körper – Begreifen durch Begreifen

Das menschliche Bewusstsein ist ein autonomes System. Alles Denken wird mittels interner Strukturen erzeugt. Ebenso ist der menschliche Körper autonom. Beide (autopoietischen = selbsterschaffenden) Systeme entsprechen einander, jedoch lässt sich anhand des Körpers die Autonomie anschaulich „begreifen“: Der Körper braucht notwendigerweise Nahrung, um sich entwickeln zu können. Das ist offensichtlich eine Voraussetzung für das Wachstum. Jedoch ist der Mensch nicht das, was er isst. Eine Spaghetti wird im Körper nicht einfach „eingebaut“. Sie wird verdaut und die innere Struktur entscheidet darüber, was mit den Inhaltsstoffen geschieht. Anders formuliert: Eine Spaghetti bleibt im Körper keine Spaghetti.

Das Meiste wird sogar ausgeschieden und von dem, was beim Verdauungsprozess aufgenommen wird, „weiß“ der Körper selbst, wie er damit seinen Körper aufbaut.

Ebenso verhält es sich mit der geistigen Nahrung. Es braucht eine Anregung von außen, aber was an welcher Stelle gelernt wird, wird durch einen internen „Verdauungsprozess“ und autonom entschieden. Kein Lehrer kann sicherstellen, dass der Satz des Pythagoras „drin bleibt“. Auch dieser wird verdaut, umgebaut, sodass er für die innere Systemlogik zur Verfügung steht. In jedem Kopf ist der Satz des Pythagoras anders repräsentiert, in jedem Gehirn feuern andere Neuronen, um das Gelernte abzurufen. Bildung ist ein höchst individueller Prozess.

Gegenseitige Anregung

Die Systeme – Geist und Körper – regen sich gegenseitig an. Der Geist ist die Umgebung des Körpers und der Körper die Umgebung des Geistes.

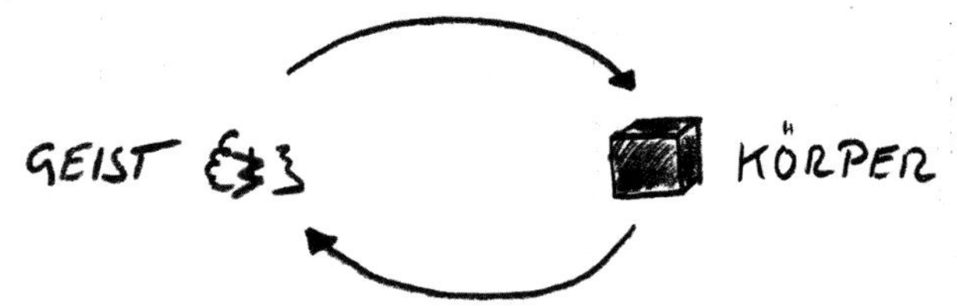

Das entspricht einem gehirngerechten Lernen. Unser Gehirn operiert sowohl formal und abstrakt, als auch bildhaft, aktiv und kreativ.

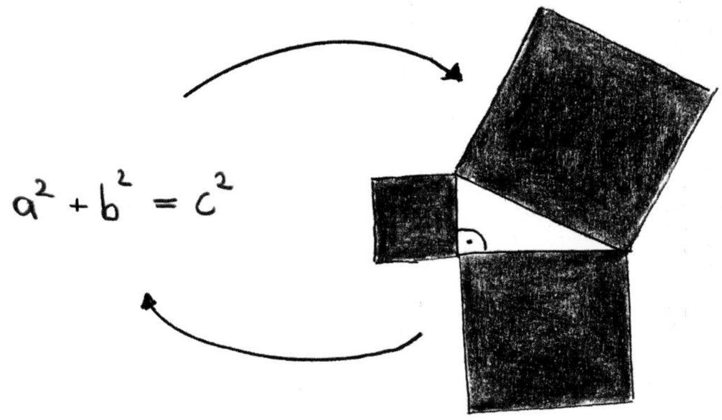

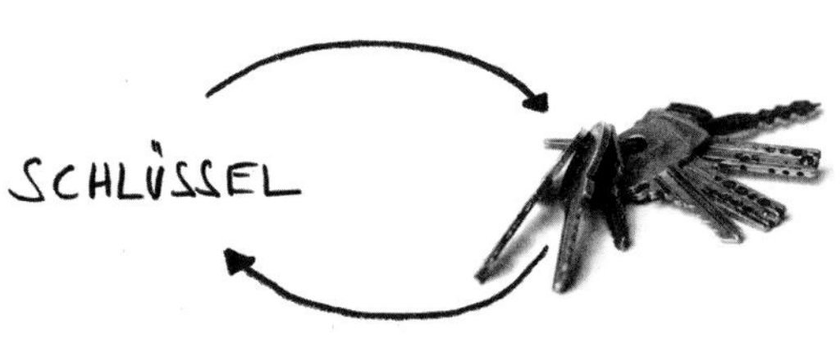

Umsetzung in der Lernumgebung

Alle Aufgabenangebote besitzen ein handlungsorientiertes Element. Entweder liegt ein Gegenstand der Aufgabe bei oder es wird eine soziale Interaktion angeregt.

Ein Beispiel: Wie hoch ist die Wahrscheinlichkeit, bei einem Bund mit sieben Schlüsseln mehr als zwei Versuche zu benötigen? Liegt der Aufgabe ein entsprechender Schlüsselbund bei, dann wird dieser zum Denken verwendet. Es handelt sich daher um eine andere Aufgabe, als wenn nur ein Text gelesen wird. Die Umgebung (Gegenstand und / oder soziale Interaktion) macht den Unterschied. Durch eine Box können die Materialien zusammen mit den Aufgaben aufbewahrt werden. Somit ist die vorbereitete Lernumgebung direkt einsetzbar.

Fachlichkeit und Beziehungsaspekt

Kennen Sie die *Sendung mit der Maus*? Bei der Herstellung von Sachbeiträgen ist die erste und grundlegende Idee zu unterhalten. Der gesendete Sachbeitrag hat gar keine andere Möglichkeit. Soll die *Sache* etwas bewegen, muss sie angeschaut werden und wenn kein Unterhaltungswert da ist, wird abgeschaltet. Bei einer anspruchsvollen Unterhaltung geht es nicht ums Konsumieren, es geht darum, dass die Sache in Beziehung mit mir steht. Wer spürt, dass die Sache etwas mit ihm zu tun hat, bleibt bei der Sache. Ansonsten wird abgeschaltet – sei es im Unterricht oder bei der *Sendung mit der Maus*.

„Reines Fachwissen", losgelöst von der eigenen Lebenswelt, wird zum trockenen Schulstoff. Für Beziehungen ist häufig der erste Augenblick entscheidend. Daher ist Ästhetik ein wichtiger Aspekt der ersten Begegnung. Dinge, die schön gestaltet sind, sind „ansprechend". Man fühlt sich angezogen und angesprochen. Ästhetik ist keine bloße Ausschmückung, sie entscheidet über den ersten Kontakt, der für das „Begreifen" entscheidend ist.

Umsetzung in der Lernumgebung

- Die Gruppenbildung erfolgt themenzentriert. Wer Interesse an einem bestimmten (sachlichen) Thema hat, trifft auf Gleichgesinnte. Die Lernenden begegnen sich (Beziehungsebene) bei einer bestimmten Aufgabe (Sachebene). Viele Übungen, auch wenn Sie allein durchführbar sind, zielen auf die gemeinsame Interaktion.
- Mathematikaufgaben sollen unterhalten, und zwar auf anregende Art und Weise. Wer frei eine Aufgabe wählen kann, nimmt die, die ihn am meisten anspricht.
- Wenn ein vorgegebener Schlüssel wie im letzten Abschnitt untersucht wird, dann ist es für mich als Lernender vor allem interessant, wie es sich bei meinem Schlüssel verhält. Natürlich kann ich mit dem Schlüssel der Lehrperson rechnen, aber mein Schlüsselbund hat viel mehr mit mir zu tun. Das zugehörige Experiment ist einfach: Nehmen Sie Ihren eigenen Schlüssel in die Hand. Weil es *Ihr* Schlüssel ist (und nicht „nur" weil sie ihn haptisch begreifen), ist die Aufgabe für Sie bedeutsamer.
  Leider gibt es für den eigenen Schlüssel keine Standardlösung beim Stationenlernen. Daher sind die Lösungsvorschläge in solchen Fällen exemplarisch gehalten.
- Beziehung und Ästhetik sind eng verwandt. Wir greifen nach Dingen, die uns „ansprechen", die ästhetisch wertvoll sind. Achten Sie in diesem Sinne auf die Materialien. Sind diese verschmiert oder zerknittert, sprechen sie den Lernenden nicht mehr an. Was für das Essen gilt, gilt auch für geistige Nahrung. Je ansprechender diese serviert wird, desto besser. In diesem Sinne ist auch die Aufforderung „Alle Dinge, die nicht benötigt werden, verschwinden in die Schultasche!" in erster Linie eine ästhetische Intervention.
  Am Essenstisch liegt ja auch nicht alles Mögliche herum.

3 Stationen

Folgendes Material sollte den Stationen beigelegt werden.
Zwingend notwendige Dinge sind dick gedruckt.

1. offene Schachtel (z. B. Streichholzschachtel) mit Zahnstocher oder Trinkhalm als Rakete
2. leere Klopapierrolle und eine Schnur
3. Schere und Papier zum Nachbauen
4. Knete und Strohhalme (alternativ Streichhölzer)
5. **Domino** (im Materialteil)
6. Luftballon und ein Stift, um darauf zu zeichnen, ein Turm (z. B. Schachfigur, aus Knete oder ein Korken)
7. mindestens drei Würfel
8. **Schere und DIN-A4-Blätter**
9. Schere, Geodreieck und Papier
10. **Schnur** (mit 13 Knoten)
11. eine Schachtel Streichhölzer
12. **Meterstab, ca. 20 Meter Schnur**
13. zylinderförmiges Glas und Trinkhalm

Hinweise:
Es sind in den Aufgaben bewusst Angaben weggelassen worden.
Die Lernenden sollen fehlende Angaben messen bzw. schätzen.
Einordnung des Schwierigkeitsgrades: grün = leicht, gelb = normal, rot = schwer

Übersicht und Laufzettel

Name: ______________________________

	Nr.	Name der Station	Status
Pflichtstationen	1	Feuerwerksrakete	
	4	quadratische Pyramide	
	6	Leuchtturm	
	10	rechte Winkel mit Knoten	
	12	Sechseck	
Wahlstationen	2	leere Klopapierrolle	
	3	Fliege und Ameise	
	5	Domino	
	7	Würfelturm	
	8	Ähnlichkeit	
	9	Pyramide im Würfel	
	11	Pythagoreische Zahlentripel	
	13	Raumdiagonale des Klassenzimmers	
	14	Ahoj-Brause	

Vermerke (Status)

- ○ = angefangen
- (neutrales Gesicht) = erledigt
- ☺ = erledigt, kontrolliert und richtig gelöst

1 Feuerwerksrakete

Fridolin hat sich so sehr auf die Super-X-Mega-Rakete gefreut. Und endlich, da kommt ein Paket mit den Maßen 50 cm x 60 cm x 70 cm an.

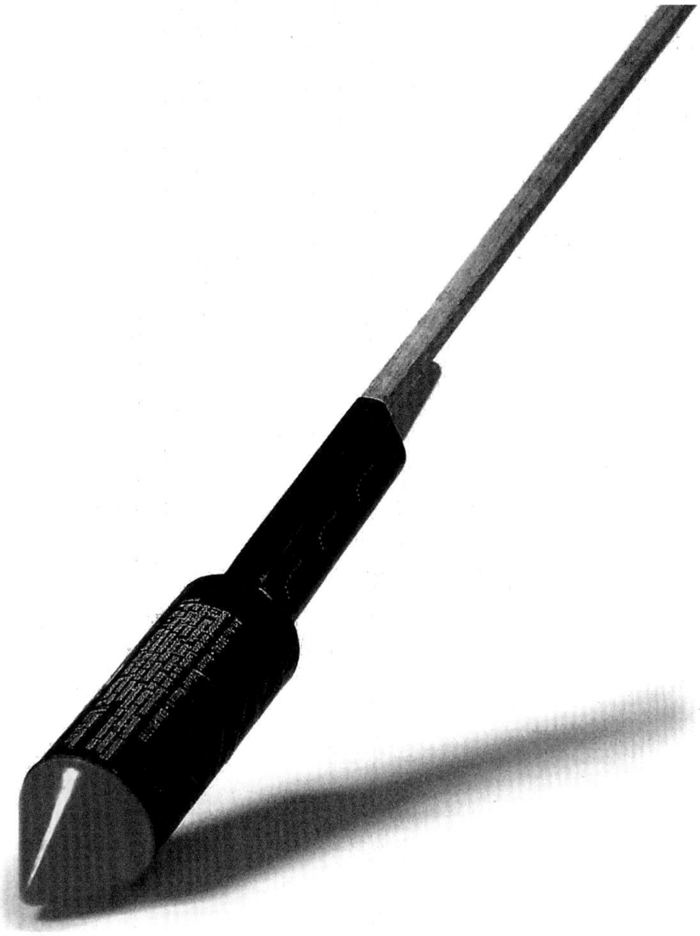

Die Enttäuschung ist groß, denn die Super-X-Mega-Rakete ist einen Meter lang …

Was ist zu tun?

Begründe durch eine Rechnung, ob die Rakete in dem Paket sein kann oder nicht.

2 Leere Klopapierrolle

Eine Ameise möchte etwas von der Welt sehen.
Darum klettert sie eine Klopapierrolle hoch. Um schon während ihrer Wanderung die Umgebung kennenzulernen, möchte sie nicht einfach senkrecht hochklettern, sondern auf ihrem Weg nach oben die Säule einmal umrunden.

Hier ist die Situation mithilfe einer leeren Klorolle und einer Schnur modellhaft nachgebildet.

Foto: Martin Krämer

Was ist zu tun?

Wie lang ist der kürzeste mögliche Weg?
Wie lang wäre der Weg bei doppelter Umrundung?
Überlegt euch, welche Größen ihr für die Rechnung braucht und bestimmt diese. Habt ihr keine Klorolle zur Hand, so versucht zu schätzen.

3 Fliege und Ameise

In einer Ecke eines würfelförmigen Zimmers unterhält sich eine Ameise mit einer Fliege darüber, wie weit die gegenüberliegende Raumecke für jeden entfernt ist. Die Ameise findet es ungerecht: Ihr Weg ist ja viel länger!

Was ist zu tun?

Um wie viel Prozent ist der Weg der Ameise dann länger?

Tipp:
Baut das Würfelnetz nach und klebt es nur am Quadrat der „Kreuzfläche" ins Heft ein.

4 Quadratische Pyramide

Eine quadratische Pyramide soll aus gleich langen Stangen gebaut werden.

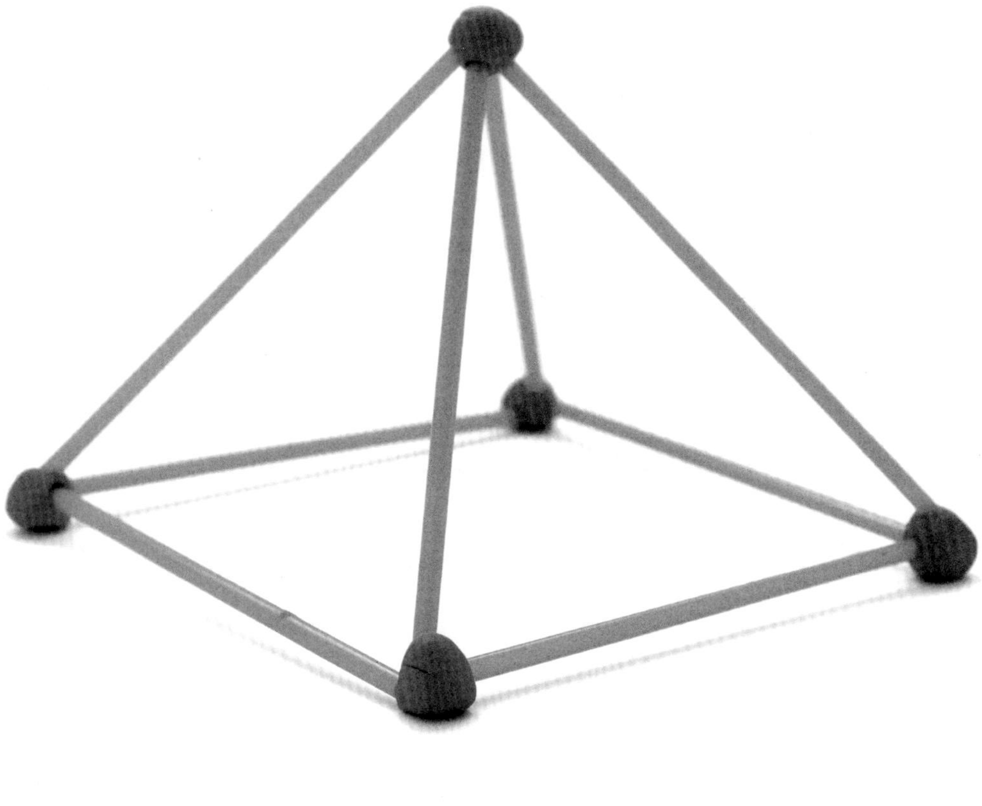

Foto: Martin Kramer

Was ist zu tun?

Baut aus gleichlangen Trinkhalmen und Knete eine quadratische Pyramide. Welchen Bruchteil der Länge eines Strohhalms beträgt die Höhe?

5 Domino

Um Formeln richtig anwenden zu können, muss man sie verstehen. Auswendiglernen bringt rein gar nichts. So lautet der Satz des Pythagoras mit Worten umschrieben: Wenn ein Dreieck rechtwinklig ist, dann ist das Quadrat der längsten Seite gleich der Summe der beiden anderen Längenquadrate.

Was ist zu tun?

Ihr sollt hier 14 Dominosteine aneinanderlegen. Auf jedem Stein befinden sich graue Balken, an diesen wird angelegt:

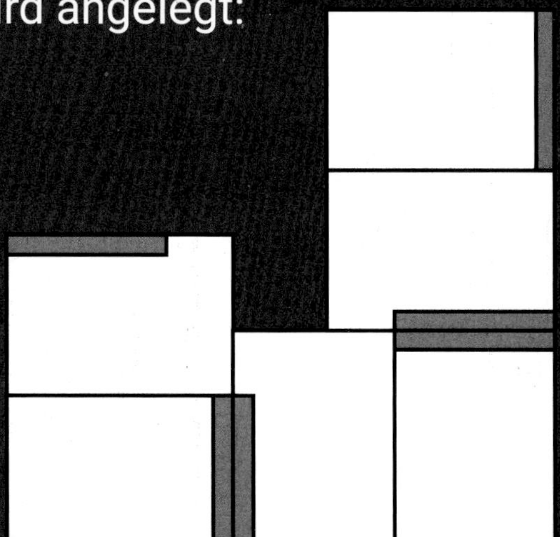

Wenn ihr alle Steine richtig aneinanderlegt, bekommt ihr eine geschlossene Lösungsfigur.

6 Leuchtturm

Fridolin ist auf einem Leuchtturm und sieht in die scheinbar endlose Ferne hinaus. „Wie weit könnte man wohl bei völlig klarem Wetter sehen?“, murmelt er vor sich hin. „Vielleicht bis nach Afrika, oder sogar bis nach Australien?“

Foto: Martin Kramer

Was ist zu tun?

Sicherlich kann man nicht bis Australien sehen, schließlich ist die Erde ja nicht aus Glas. Aber wie weit kann man von einem 20 Meter hohen Turm tatsächlich auf das glatte Meer sehen?
Der Erdradius beträgt ca. 6370 km.
Um die Frage zu verstehen, hilft eine Skizze.
Ihr könnt hierbei auch auf den Luftballon zeichnen.

7 Würfelturm

Die Raumdiagonale d eines Würfels mit der Kantenlänge *a* beträgt $d = \sqrt{a^2 + a^2 + a^2} = a\sqrt{3}$. Werden zwei oder mehr Würfel wie in der Abbildung aufeinandergestellt, so erhält man einen neuen Körper mit einer längeren Raumdiagonale.

Was ist zu tun?

Berechnet die Länge der Raumdiagonale für einen Würfel, zwei Würfel und drei Würfel. Findet ihr eine Gesetzmäßigkeit?

Tipp:
Ihr könnt zuerst die verschiedenen Diagonalen bei einer Kantenlänge $a = 1$ cm berechnen.

8 Ähnlichkeit

Das abgebildete Rechteck wurde in 9 Quadrate unterschiedlicher Größe zerlegt.

Foto: Martin Kramer

Was ist zu tun?

1. Zerlegt ein DIN-A4-Blatt in genau drei ähnliche rechtwinklige Dreiecke. Beschriftet anschließend die Seiten des größten Dreiecks entsprechend der Skizze. Beschriftet entsprechend die anderen Dreiecke mit *a, b, h, p* und *q* (gleiche Längen erhalten denselben Buchstaben).

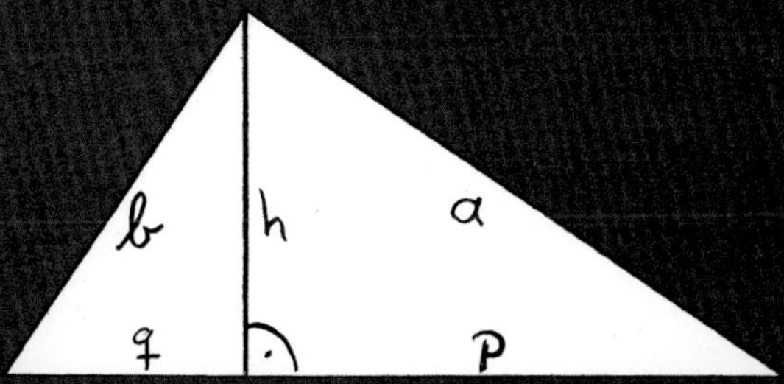

2. Aufgrund der Ähnlichkeit des kleinsten und des größten Dreiecks gilt der Kathetensatz $\frac{a}{p} = \frac{c}{a}$ bzw. $a^2 = p \cdot c$.
Wie lautet der entsprechende Satz für die andere Kathete? Beweist über die Summe der beiden Kathetensätze den Satz des Pythagoras.

9 Pyramide im Würfel

In einen Würfel mit einer Seitenlänge von 5 cm soll eine möglichst große symmetrische, quadratische Pyramide eingebaut werden.

Was ist zu tun?

Bastelt eine solche Pyramide. Klebt sie anschließend auffaltbar (nur die quadratische Fläche ankleben) in euer Heft.

10 Rechte Winkel mit Knoten

Im alten Ägypten nannte man die Vermessungsingenieure „Seilspanner“.

Foto: Martin Kramer

Was ist zu tun?

Wie kann mit der abgebildeten Schnur ein rechter Winkel abgesteckt werden? Prüft eure Idee an einem rechten Winkel (z. B. Wand-Boden). Auf welchen mathematischen Satz greift diese Methode zurück?

Tipp:
Die Schnur hat 13 Knoten, die so positioniert sind, dass sich 12 gleich lange Abschnitte ergeben.

11 Pythagoreische Zahlentripel

Es gibt bestimmte rechtwinklige Dreiecke, deren Seitenlängen allesamt natürliche Zahlen sind. Zum Beispiel das Dreieck mit $a = 3$, $b = 4$ und $c = 5$. Solche Seitenlängen (3, 4, 5) nennt man ein pythagoreisches Zahlentripel.

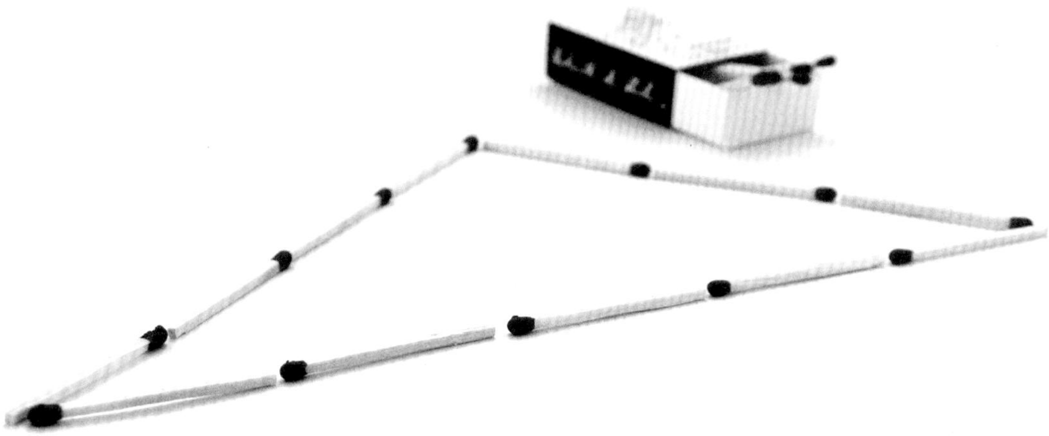

Was ist zu tun?

Wählt zwei natürliche Zahlen m und n ($m > n$) und berechnet

$$a = m^2 - n^2, b = 2mn, c = m^2 + n^2.$$

Überprüft, ob es sich um ein pythagoreisches Zahlentripel handelt.
Könnt ihr beweisen, dass das immer funktioniert?

12 Sechseck

Mithilfe von Streichhölzern kann man ein regelmäßiges Sechseck konstruieren.

Foto: Martin Kramer

Was ist zu tun?

Konstruiert ein regelmäßiges Sechseck und berechnet dessen Flächeninhalt. Bestimmt zuerst alle Größen, die ihr für eure Rechnung braucht.

13 Raumdiagonale des Klassenzimmers

Mit einer Schnur und einem Meterstab lässt sich die Raumdiagonale eines Zimmers ermitteln.

Was ist zu tun?

Bestimmt die Raumdiagonale eures Klassenzimmers, ohne eine Schnur zu spannen. Überprüft euren Zahlenwert, indem ihr die Länge mithilfe einer gespannten Schnur nachmesst.

14 Ahoj-Brause

Jeden Sonntag nach der *Sendung mit der Maus* trinkt Jim eine Brause. Doch diesmal hat er ein zu großes Glas gewählt und sein Trinkhalm ist ins Glas gefallen.

Foto: Martin Kramer

Was ist zu tun?

Welche Länge müsste der Trinkhalm mindestens haben, wenn das Glas einen Innendurchmesser von 7 cm und eine maximale Füllhöhe von 15 cm besäße?

1 Feuerwerksrakete – Lösung

Fridolin hat sich so sehr auf die Super-X-Mega-Rakete gefreut. Und endlich, da kommt ein Paket mit den Maßen 50 cm x 60 cm x 70 cm an. Begründe durch eine Rechnung, ob die Rakete in dem Paket sein kann oder nicht.

Lösung:
Es ist die Raumdiagonale eines Quaders mit den Seitenlängen
$a = 0{,}50$ m
$b = 0{,}60$ m
$c = 0{,}70$ m
zu bestimmen.

Für die Raumdiagonale d gilt:

$$d = \sqrt{a^2 + b^2 + c^2}$$
$$= \sqrt{(0{,}50\text{ m})^2 + (0{,}60\text{ m})^2 + (0{,}70\text{ m})^2}$$
$$= \sqrt{1{,}1\text{ m}^2}$$
$$\approx 1{,}05\text{ m.}$$

Also ist die Raumdiagonale 1,05 Meter lang.
Die Rakete hat also genügend Platz.

2 Leere Klopapierrolle – Lösung

Eine Ameise möchte etwas von der Welt sehen. Darum klettert sie eine Klopapierrolle hoch. Um schon während ihrer Wanderung die Umgebung kennen zu lernen, möchte sie nicht einfach senkrecht hochklettern, sondern auf ihrem Weg nach oben die Säule einmal umrunden.
Wie lang ist der kürzeste mögliche Weg?
Wie lang wäre der Weg bei doppelter Umrundung?

Lösung:
Umfang: $u = 12{,}6$ cm; Höhe: $h = 9{,}6$ cm
(Hier wurde eine Standardklorolle vermessen. Der Umfang der Rolle kann z. B. mit einem Faden bestimmt werden.)

Idee: Rolle aufschneiden

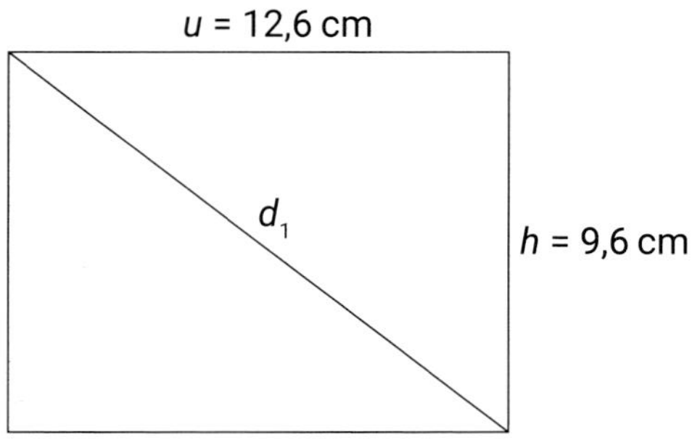

Der Weg entspricht der Diagonale d_1:
$d_1 = \sqrt{u^2 + h^2} = \sqrt{(12{,}6\text{ cm})^2 + (9{,}6\text{ cm})^2} \approx 15{,}8$ cm,
der Weg ist also 15,8 cm lang.

Für eine doppelte Umrundung gilt:
$d_2 = \sqrt{(2u)^2 + h^2} = \sqrt{4 \cdot (12{,}6\text{ cm})^2 + (9{,}6\text{ cm})^2} \approx 27{,}0$ cm.

Die doppelte Umrundung ist also 27,0 cm lang.

3 Fliege und Ameise – Lösung

In einer Ecke eines würfelförmigen Zimmers unterhält sich eine Ameise mit einer Fliege darüber, wie weit die gegenüberliegende Raumecke für jeden entfernt ist. Die Ameise findet es ungerecht: Ihr Weg ist ja viel länger! Um wie viel Prozent ist der Weg der Ameise dann länger?

Lösung:
Idee: Betrachte den Weg der Ameise in der aufgeklappten Schachtel.

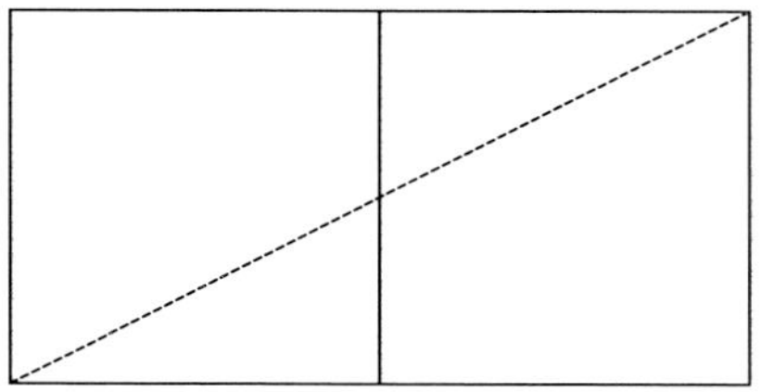

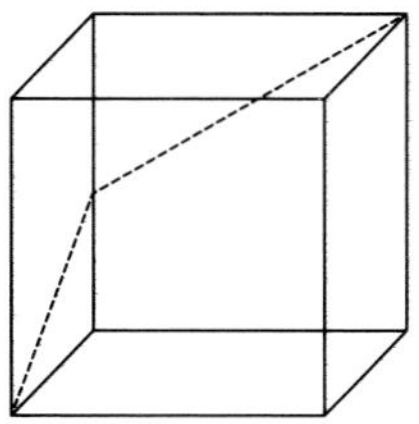

Die Länge einer Würfelseite sei a. Wer die Aufgabe für $a = 1$ cm gelöst hat, soll das a in der Lösung einfach ignorieren.

Der Weg der Ameise beschreibt also die Diagonale in einem Rechteck mit den Seitenlängen a und $2a$:
$d_A = \sqrt{a^2 + (2a)^2} = \sqrt{5 \cdot a^2} = a\sqrt{5}$.

Der Weg der Fliege entspricht der Raumdiagonale des Würfels:
$d_F = \sqrt{a^2 + a^2 + a^2} = \sqrt{3 \cdot a^2} = a\sqrt{3}$.

Das Wegstreckenverhältnis beträgt demnach:
$\frac{d_A}{d_F} = \frac{a\sqrt{5}}{a\sqrt{3}} = \frac{\sqrt{5}}{\sqrt{3}} \approx 1{,}291 = 129{,}1\ \%$.

Der Weg der Ameise ist also um 29,1 % länger.

4 Quadratische Pyramide – Lösung

Eine quadratische Pyramide soll aus gleich langen Stangen gebaut werden. Welchen Bruchteil der Länge eines Strohhalms beträgt die Höhe?

Lösung:

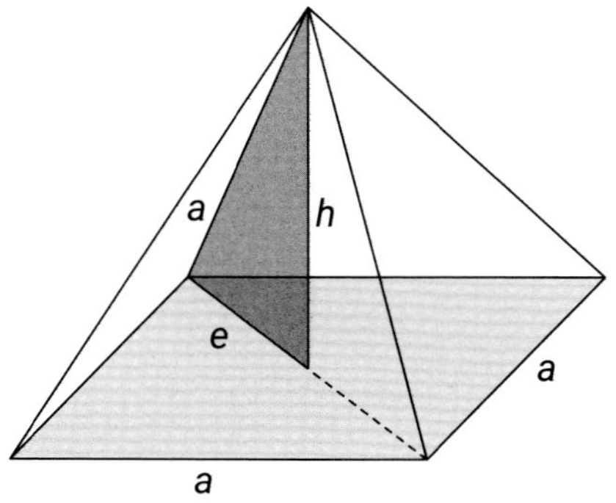

In dem grauen Dreieck gilt wegen Pythagoras:
$h^2 + e^2 = a^2$
$h^2 = a^2 - e^2$.

e ist die halbe Diagonale des Grundflächenquadrates, also gilt:

$e^2 = \left(\frac{a}{2}\right)^2 + \left(\frac{a}{2}\right)^2 = \frac{a^2}{2}$,

$h^2 = a^2 - e^2 = a^2 - \frac{a^2}{2} = \frac{a^2}{2}$,

$h = \pm\sqrt{\frac{a^2}{2}} = \pm\sqrt{\frac{a^2 \cdot 2}{2 \cdot 2}} = \pm\frac{a}{2} \cdot \sqrt{2}$.

Die negative Lösung hat geometrisch keine Bedeutung.

Die Höhe beträgt also $\frac{1}{2} \cdot \sqrt{2}$ Strohhalme, das entspricht ca. 70,7 % einer Strohhalmlänge.

5 Domino – Lösung

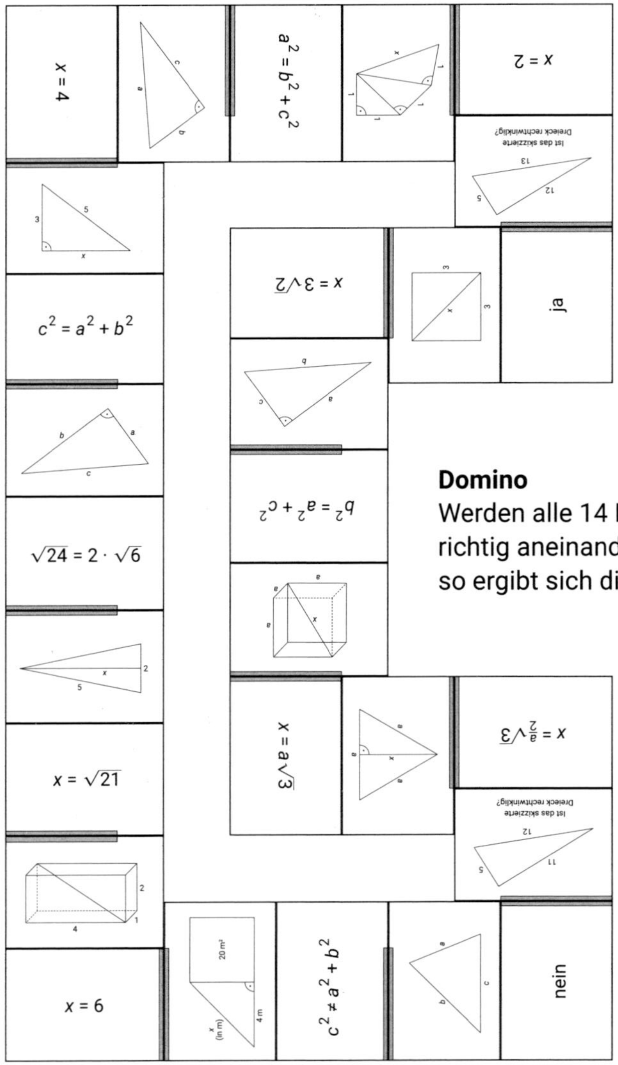

Domino
Werden alle 14 Dominosteine richtig aneinandergelegt, so ergibt sich diese Lösungsfigur:

6 Leuchtturm – Lösung

Wie weit kann man von einem 20 Meter hohen Turm tatsächlich auf das glatte Meer sehen? Um die Frage zu verstehen, hilft eine Skizze. Der Erdradius beträgt ca. 6370 km.

Lösung:

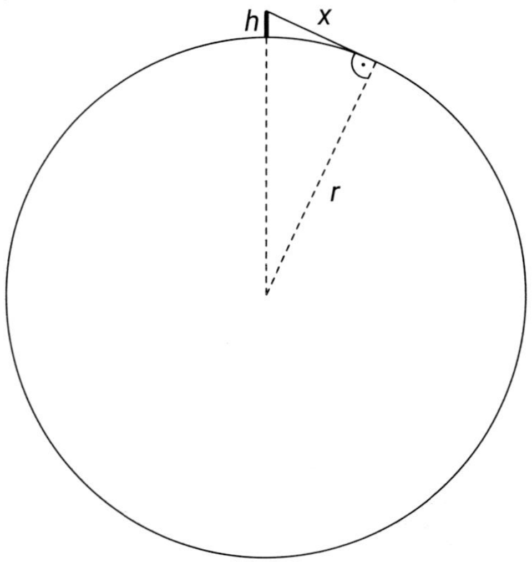

Beachte: r = 6370 km = 6370000 m .

$$x^2 + r^2 = (r + h)^2$$
$$x^2 = (r + h)^2 - r^2$$
$$x^2 = (6370000\text{ m} + 20\text{ m})^2 - (20\text{ m})^2$$
$$x \approx 15960\text{ m}$$
$$x \approx 16{,}0\text{ km}$$

Fridolin sieht also ca. 16,0 km weit.

7 Würfelturm – Lösung

Die Raumdiagonale d eines Würfels mit der Kantenlänge a beträgt $d = \sqrt{a^2 + a^2 + a^2} = a\sqrt{3}$. Werden zwei oder mehr Würfel wie in der Abbildung aufeinandergestellt, so erhält man einen neuen Körper mit einer längeren Raumdiagonale.
Berechne die Länge der Raumdiagonale für einen Würfel, zwei Würfel und drei Würfel. Findest du eine Gesetzmäßigkeit?

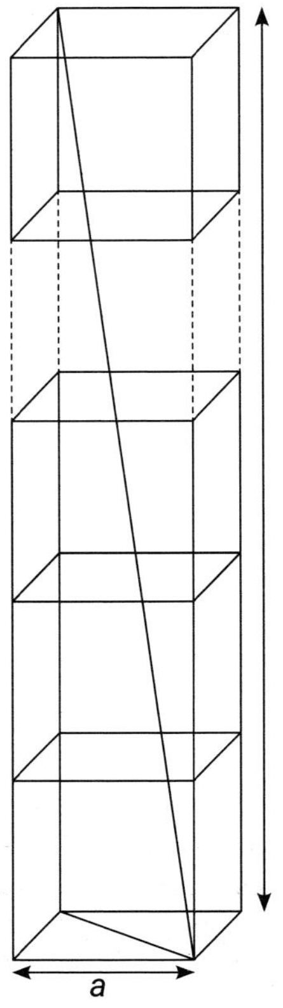

Lösung:
Wer die Aufgabe für $a = 1$ cm gelöst hat, soll das a in der Lösung einfach ignorieren.

Die Länge der Raumdiagonale war gegeben:
$d_1 = \sqrt{a^2 + a^2 + a^2} = \sqrt{3a^2} = a\sqrt{3}$.

Wird ein Würfel draufgesetzt, so ändert sich nur die Höhe des Quaders. Aus *a* wird (2*a*):
$d_2 = \sqrt{a^2 + a^2 + (2a)^2} = \sqrt{6a^2} = a\sqrt{6}$.

Das Gleiche gilt für 3 Würfel:
$d_3 = \sqrt{a^2 + a^2 + (3a)^2} = \sqrt{11a^2} = a\sqrt{11}$.

Entsprechend gilt für *n* Würfel:
$\mathbf{d_n = \sqrt{a^2 + a^2 + (na)^2} = \sqrt{(2 + n^2)\,a^2} = a\sqrt{2 + n^2}}$.

8 Ähnlichkeit – Lösung

Zerlegt ein DIN-A4-Blatt in genau drei ähnliche rechtwinklige Dreiecke.
Beweist über die Summe der beiden Kathetensätze den Satz des Pythagoras.

Lösung:

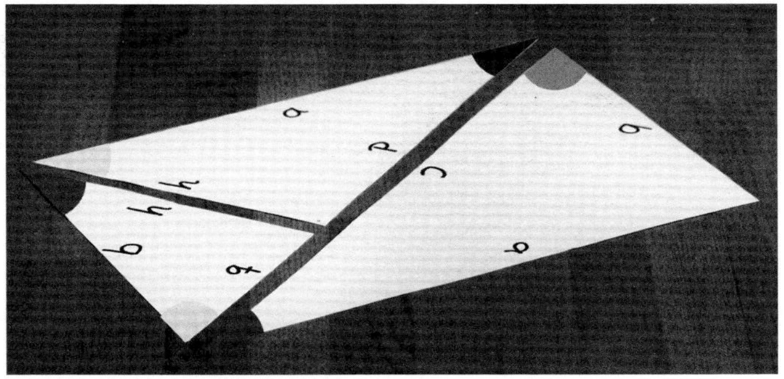

Um die Ähnlichkeit zu zeigen, werden Winkelweiten verglichen. Dunkelgraue und hellgraue Winkel ergeben per Konstruktion zusammen 90°. Über den Innenwinkelsummensatz ergibt sich, dass alle gleichfarbigen Winkel dieselbe Winkelweite besitzen.

Die Aussage des Pythagoras folgt mithilfe der Strahlensätze über die Summe der beiden Kathetensätze:

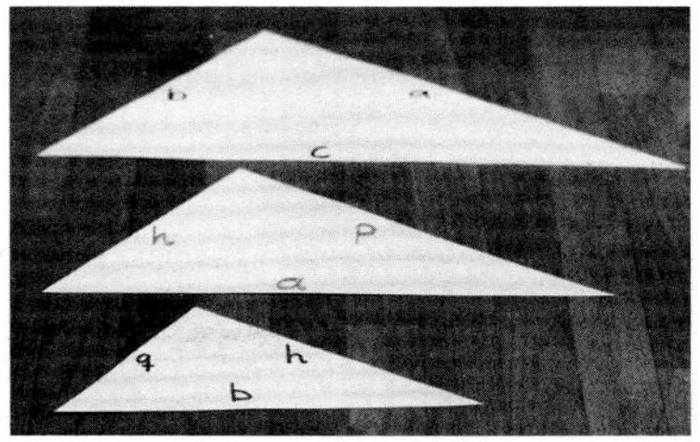

$\frac{a}{c} = \frac{p}{a} \Leftrightarrow a^2 = p \cdot c$,

$\frac{b}{c} = \frac{q}{b} \Leftrightarrow b^2 = q \cdot c$.

Die Summe ergibt: $\mathbf{a^2 + b^2 = p \cdot c + q \cdot c = (p + q) \cdot c = c^2}$.

9 Pyramide im Würfel – Lösung

In einen Würfel mit einer Seitenlänge von a = 5 cm soll eine möglichst große symmetrische, quadratische Pyramide eingebaut werden.

Lösung:
Um das Netz der Pyramide zeichnen zu können, benötigt man beispielsweise die Höhe h_a der Seitendreiecke.

Nach Pythagoras gilt:

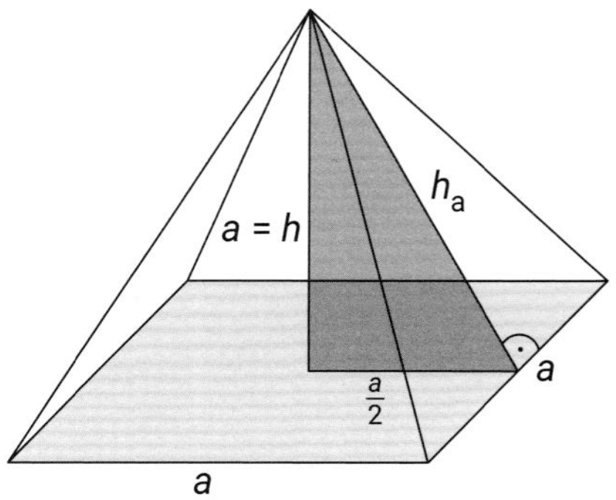

$$h_a^2 = \left(\frac{a}{2}\right)^2 + a^2 = \frac{5a^2}{4},$$

$$h_a = \sqrt{\frac{5a^2}{4}} = \frac{a}{2}\sqrt{5} = \frac{5}{2}\sqrt{5} \approx 5{,}59\,.$$

Die Abbildung unten zeigt das zugehörige Netz.

h_a = 5,59 cm ist jeweils durch die dicke Linie dargestellt.

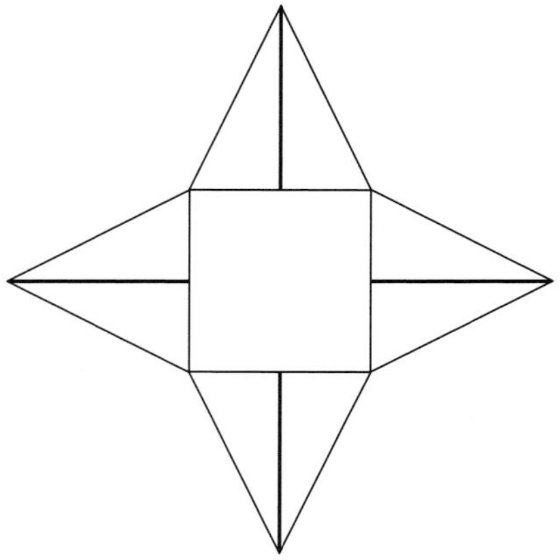

10 Rechte Winkel mit Knoten – Lösung

Wie kann mit der abgebildeten Schnur ein rechter Winkel abgesteckt werden? Auf welchen mathematischen Satz greift diese Methode zurück?

Lösung:
Die Methode nutzt die Umkehrung vom Satz des Pythagoras. „Wenn in einem Dreieck das Quadrat über der längsten Seite gleich der Summe der beiden kürzeren Längenquadrate ist, dann ist das Dreieck rechtwinklig.“

Je zwei nebeneinander liegende Knoten müssen denselben Abstand besitzen. Die kleinsten Zahlen, die die Voraussetzung für die Umkehrung des Pythagoras besitzen, sind 3, 4 und 5. Hier gilt nämlich: $3^2 + 4^2 = 5^2$.

Zum Seilspannen: Geht zu dritt zusammen und spannt das Seil entsprechend der Abbildung. Den ersten und den letzten Knoten nimmt einer in die Hand. Wenn ihr das Seil so spannt, entsteht gegenüber der längsten Seite ein rechter Winkel.

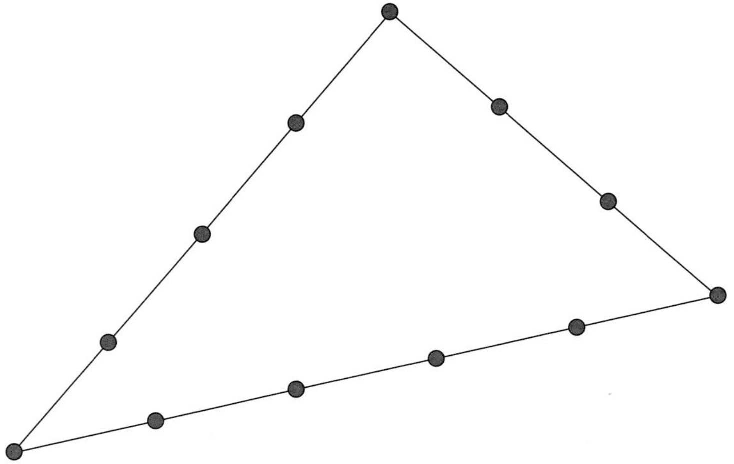

11 Pythagoreische Zahlentripel – Lösung

Lösung:
Es gibt unendlich viele pythagoreische Zahlentripel, hier eine kleine Auswahl:

$3^2 + 4^2 = 5^2$
$8^2 + 6^2 = 10^2$
$5^2 + 12^2 = 13^2$
$15^2 + 8^2 = 17^2$
$12^2 + 16^2 = 20^2$
$7^2 + 24^2 = 25^2$

Zusatz:
Wählt zwei natürliche Zahlen m und n (m > n) und berechnet $a = m^2 - n^2$, $b = 2mn$, $c = m^2 + n^2$.

Überprüft, ob es sich um ein pythagoreisches Zahlentripel handelt. Könnt ihr beweisen, dass das immer funktioniert?

Beispiel: $m = 6$, $n = 4$
$a = 36 - 16 = 20$
$b = 2 \cdot 6 \cdot 4 = 48$
$c = 36 + 16 = 52$

Probe:
$a^2 + b^2 = 20^2 + 48^2 = 2704$
$c^2 = 52^2 = 2704$
Dieses Beispiel stimmt also.

Beweis (durch Nachrechnen):
$a = m^2 - n^2$, $b = 2mn$, $c = m^2 + n^2$

$$a^2 + b^2 = (m^2 - n^2)^2 + (2mn)^2$$
$$= m^4 - 2 \cdot m^2n^2 + n^4 + 4 \cdot m^2n^2$$
$$= m^4 + 2 \cdot m^2n^2 + n^4$$

$$c^2 = (m^2 + n^2)^2$$
$$= m^4 + 2 \cdot m^2n^2 + n^4$$

Also ist $a^2 + b^2 = c^2$ und die Aussage ist bewiesen.

12 Sechseck – Lösung

Konstruiert ein regelmäßiges Sechseck und berechnt dessen Flächeninhalt. Bestimmt zuerst alle Größen, die ihr für eure Rechnung braucht.

Lösung:

Konstruktionsanleitung:

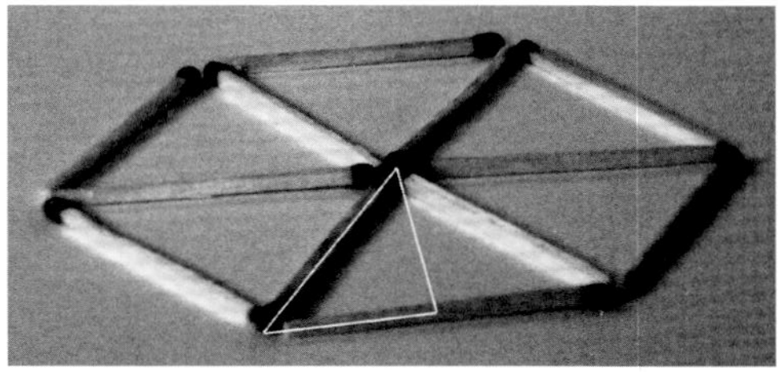

Länge eines Streichholzes: ca. 4,4 cm.

Das Sechseck besteht aus sechs gleichseitigen Dreiecken:

$$A_{Sechseck} = 6 \cdot A_{\Delta}$$
$$= 6 \cdot \tfrac{1}{2} \cdot g \cdot h_a.$$

Für die Höhe im gleichseitigen Dreieck gilt:

$$h_a^2 + \left(\tfrac{a}{2}\right)^2 = a^2,$$
$$h_a^2 = a^2 - \tfrac{a^2}{4},$$
$$h_a^2 = \sqrt{\tfrac{3a^2}{4}} = \tfrac{a}{2}\sqrt{3}.$$

Damit und mit $g = a$ folgt:

$$A_{Sechseck} = 6 \cdot \tfrac{1}{2} \cdot g \cdot h_a$$
$$= 3 \cdot a \cdot \tfrac{a}{2}\sqrt{3}$$
$$= \tfrac{3a^2}{2}\sqrt{3}$$
$$= \tfrac{3}{2}(4{,}4\ \text{cm})^2 \cdot \sqrt{3} \approx 50{,}3\ \text{cm}^2.$$

Der Flächeninhalt beträgt demnach 50,3 cm².

13 Raumdiagonale des Klassenzimmers – Lösung

Bestimmt die Raumdiagonale eures Klassenzimmers, ohne eine Schnur zu spannen. Überprüft euren Zahlenwert, indem ihr die Länge mithilfe einer gespannten Schnur nachmesst.

Lösung:
Für die Diagonale gilt:
$d = \sqrt{a^2 + b^2 + c^2}$.

Mit einem Zollstock oder einem Meterstab bestimmt man Länge, Breite und Höhe des Klassenzimmers.
Die folgenden Messwerte stammen von einem Klassenzimmer in Mössingen:

$a = 7{,}43$ m
$b = 9{,}13$ m
$c = 2{,}79$ m

$d = \sqrt{(7{,}43 \text{ m})^2 + (9{,}13 \text{ m})^2 + (2{,}79 \text{ m})^2}$
$\approx 12{,}1$ m

Dieses Klassenzimmer besitzt eine Raumdiagonale mit 12,1 Metern Länge.

14 Ahoj-Brause – Lösung

Welche Länge müsste der Trinkhalm mindestens haben, wenn das Glas einen Innenradius von 3,5 cm und eine maximale Füllhöhe von 15,0 cm besäße?

Lösung:
Der Innendurchmesser beträgt 7,0 cm. Die erforderliche Länge entspricht der Diagonale *d* eines Rechtecks mit den Seitenlängen 7,0 cm und 15,0 cm. Vgl. Skizze:

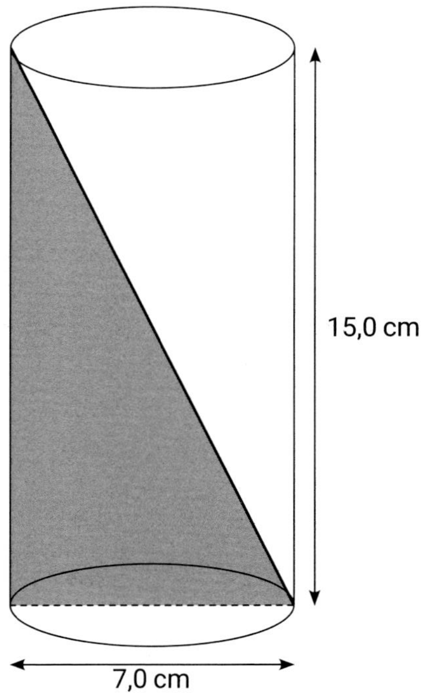

Damit: $d = \sqrt{(7{,}0 \text{ cm})^2 + (15{,}0 \text{ cm})^2} = \sqrt{274 \text{ cm}^2} \approx 16{,}6$ cm.
Der Strohhalm muss also mindesten 16,6 cm lang sein.

4 Material

Domino

Wie funktioniert das Domino?
Auf jedem Stein befinden sich dunkle Balken: Klettverschlüsse. An diesen wird angelegt.

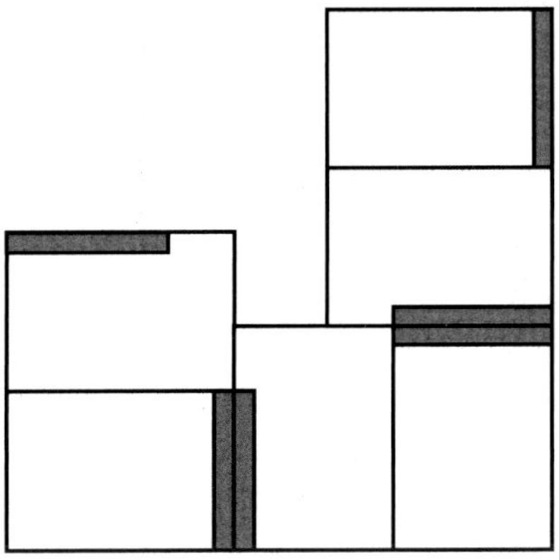

Es ergibt sich eine geschlossene Lösungsfigur.

Achtung !

Bitte nur entlang der gepunkteten Linien schneiden.

Jeder Dominostein hat die Form dieser Karte.

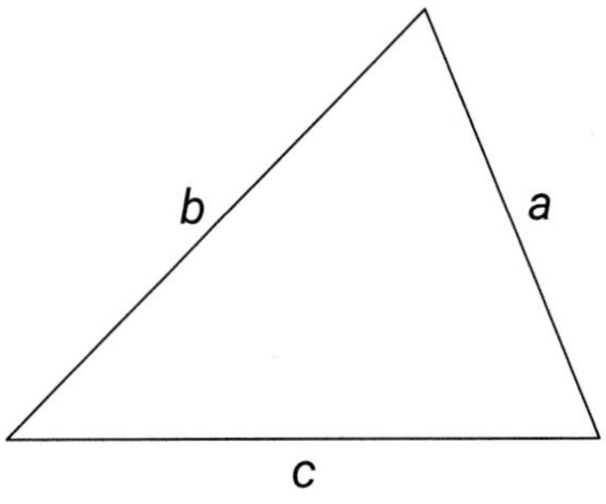

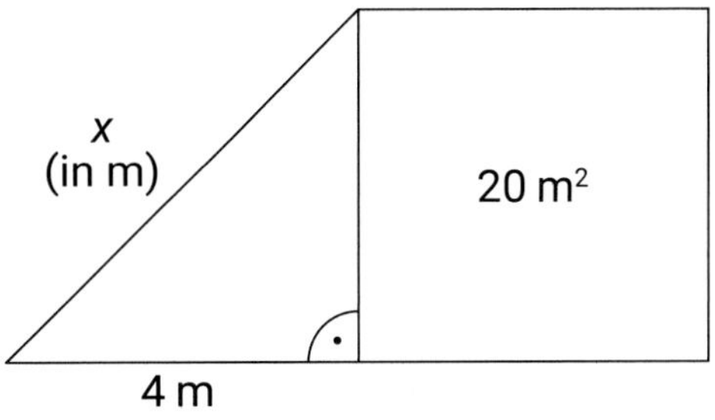

nein

$$c^2 \neq a^2 + b^2$$

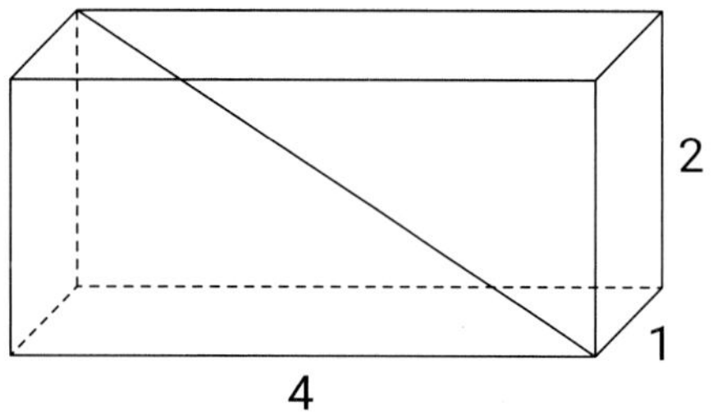

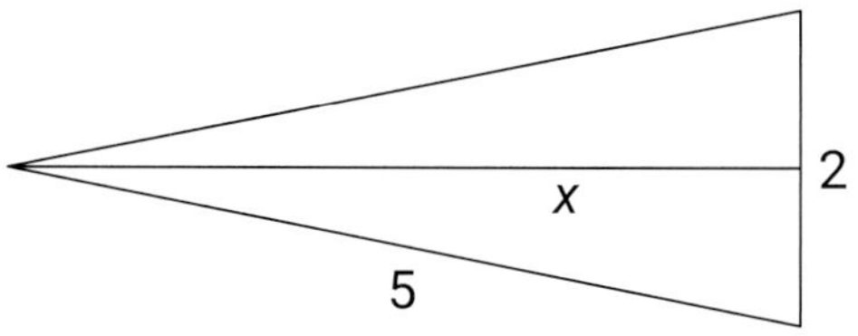

$$x = 6$$

$$x = \sqrt{21}$$

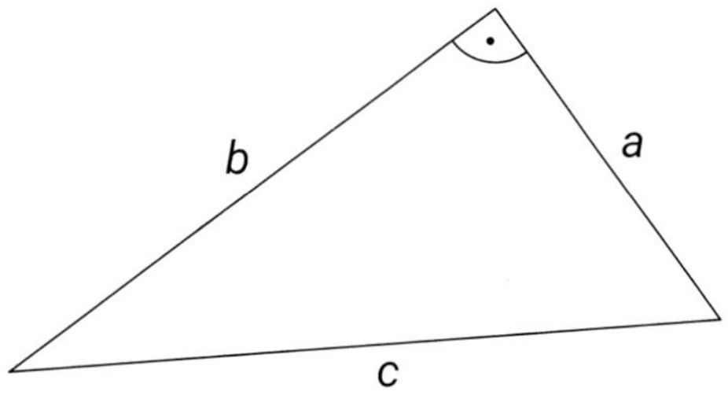

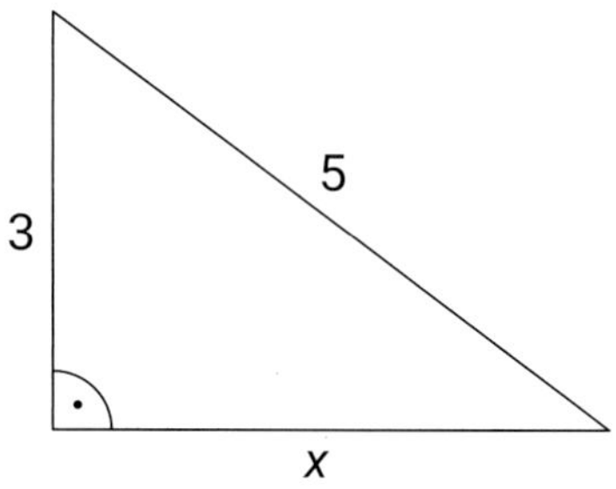

$$\sqrt{24} = 2 \cdot \sqrt{6}$$

$$c^2 = a^2 + b^2$$

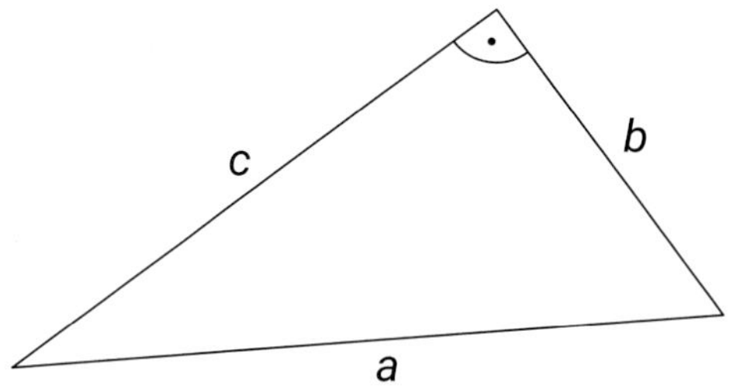

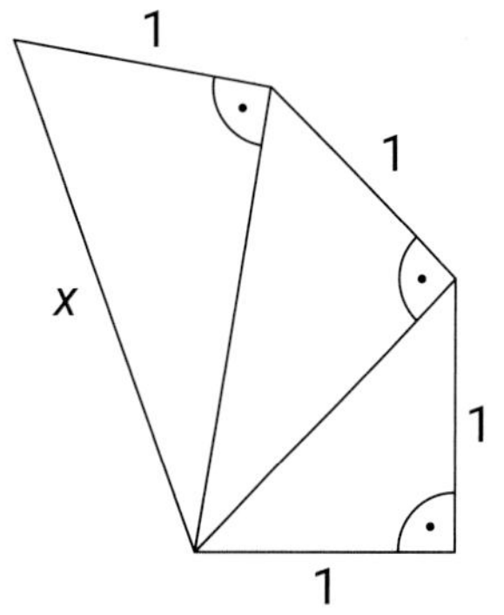

$x = 4$

$a^2 = b^2 + c^2$

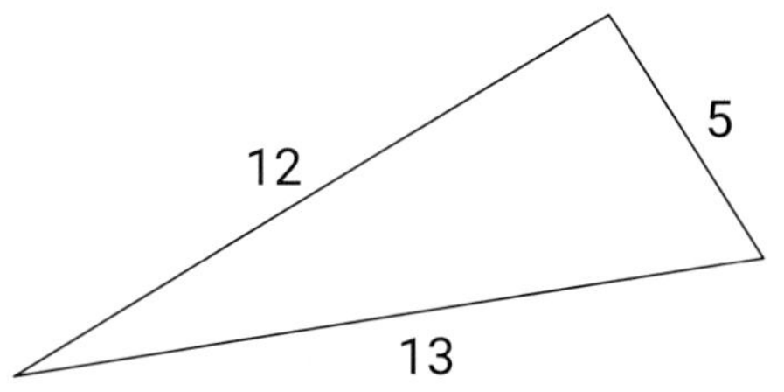

Ist das skizzierte
Dreieck rechtwinklig?

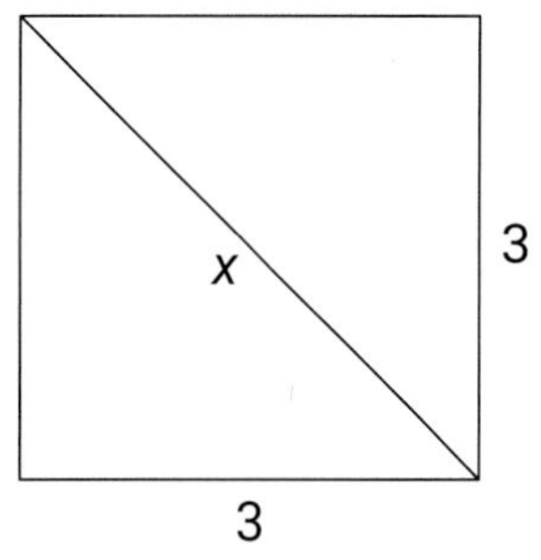

$x = 2$

ja

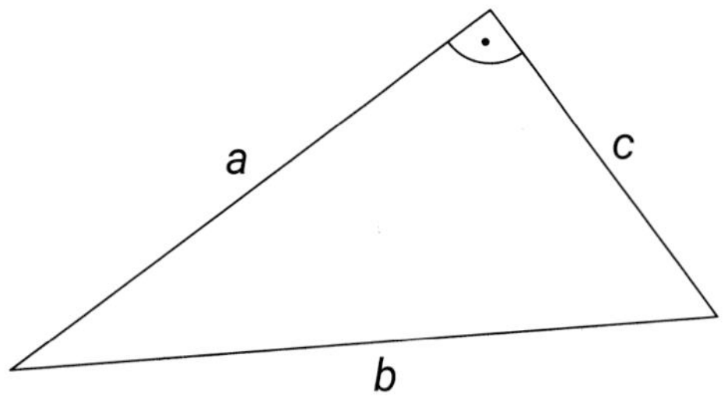

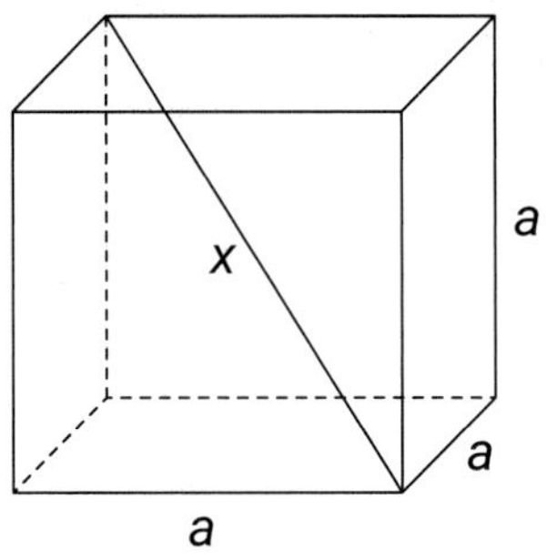

$$x = 3\sqrt{2}$$

$$b^2 = a^2 + c^2$$

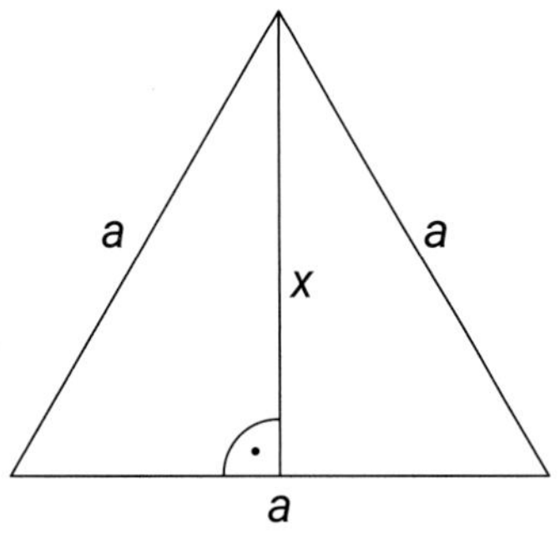

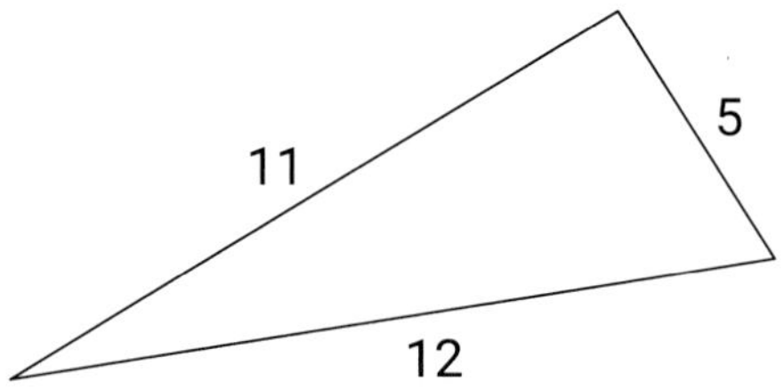

Ist das skizzierte
Dreieck rechtwinklig?

$$x = a\sqrt{3}$$

$$x = \frac{a}{2}\sqrt{3}$$

Station 5 als Hausaufgabendomino

Im Unterricht hast du bei der Stadion 5 gemeinsam das Domino gelegt.
Mit dem Hausaufgabedomino prüfst du dich selbst.

Wie funktioniert das Domino?
Auf jedem Stein befinden sich dunkle Balken: Klettverschlüsse. An diesen wird angelegt.

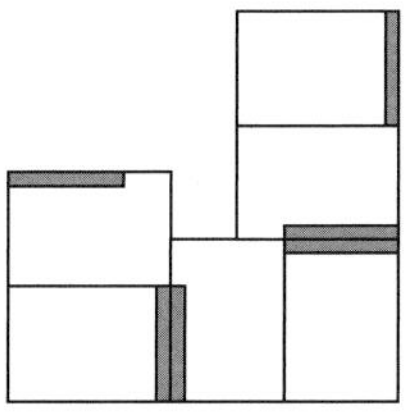

Es ergibt sich eine geschlossene Lösungsfigur.

Achtung (!)

Bitte nur entlang der gepunkteten Linien schneiden.

Jeder Dominostein hat die Form dieser Karte.

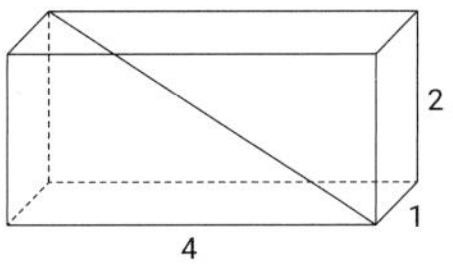

$x = 6$

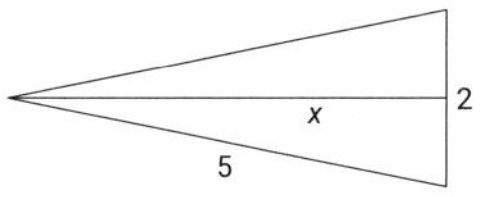

$x = \sqrt{21}$

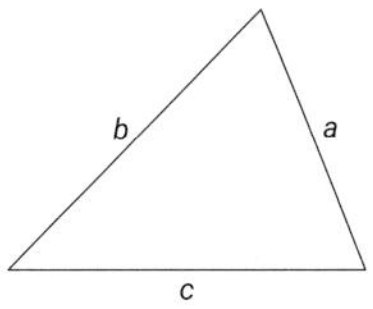

nein

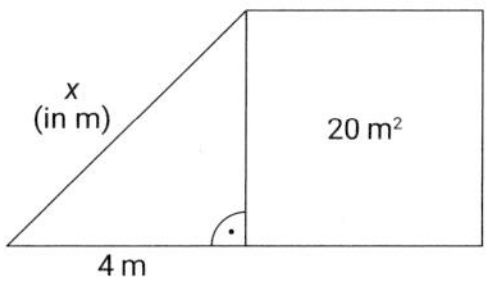

$c^2 \neq a^2 + b^2$

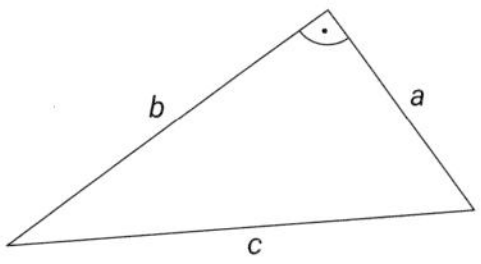

$\sqrt{24} = 2 \cdot \sqrt{6}$

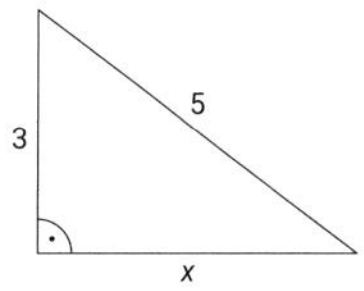

$c^2 = a^2 + b^2$

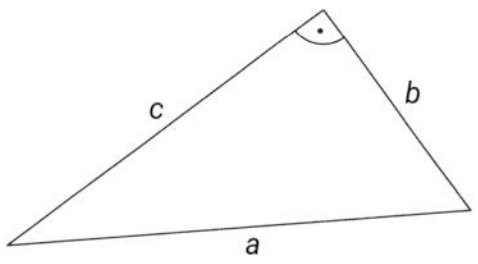

$x = 4$

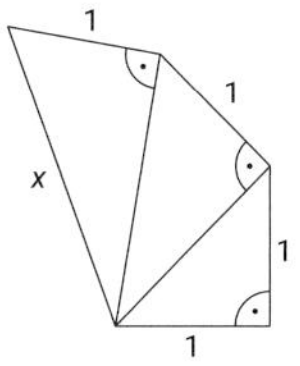

$a^2 = b^2 + c^2$

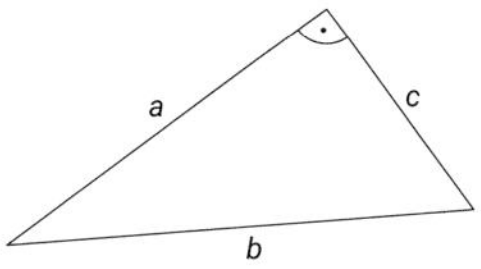

$x = 3\sqrt{2}$

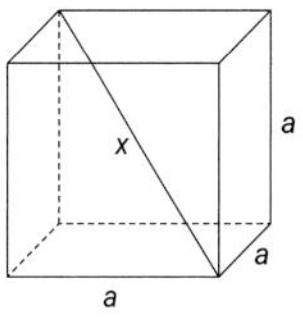

$b^2 = a^2 + c^2$

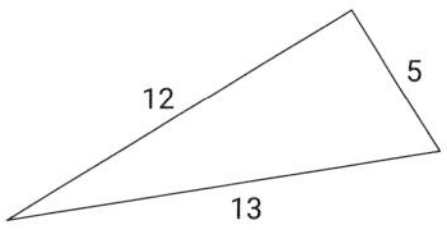

Ist das skizzierte Dreieck rechtwinklig?

$x = 2$

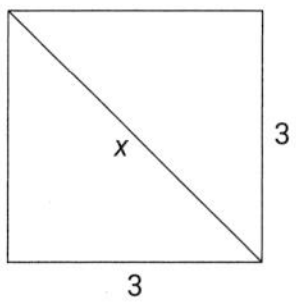

ja

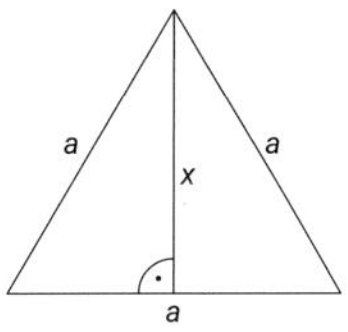

$x = a\sqrt{3}$

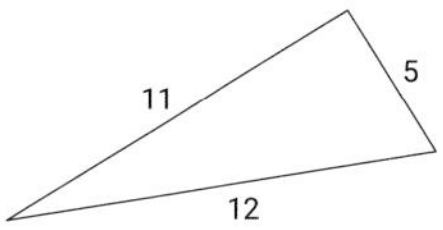

Ist das skizzierte Dreieck rechtwinklig?

$x = \frac{a}{2}\sqrt{3}$

Landkarte des Wissens

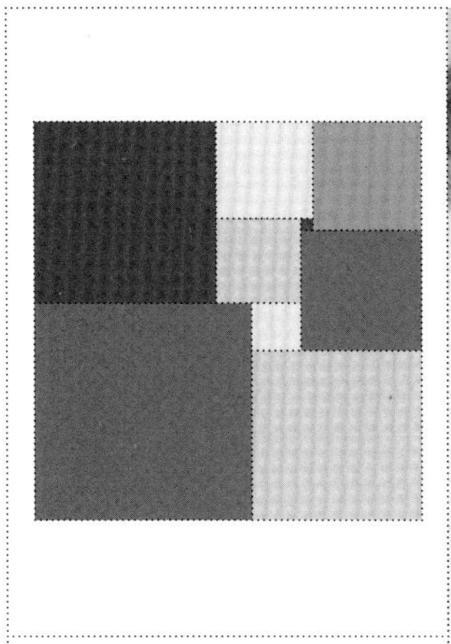

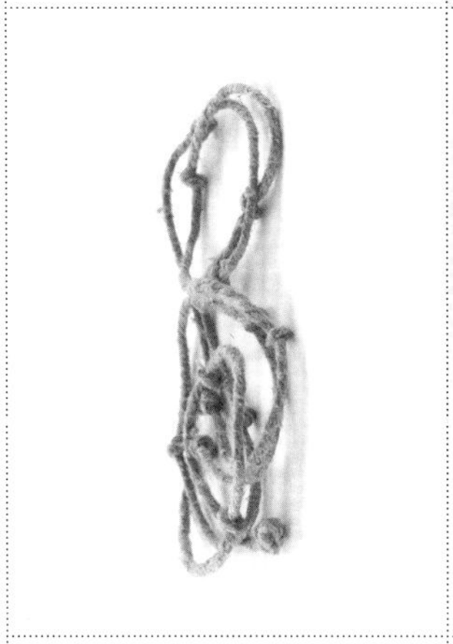
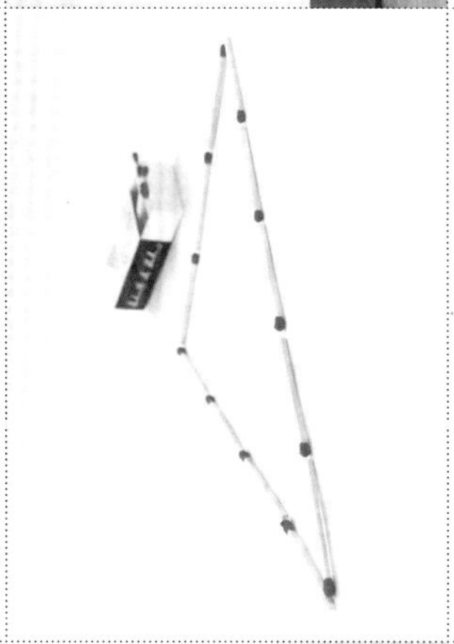
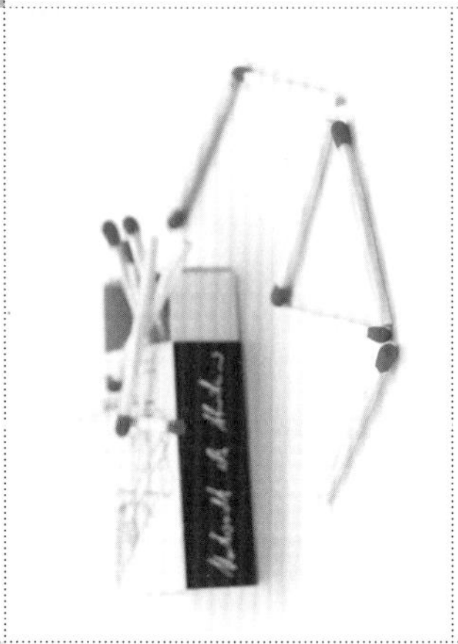

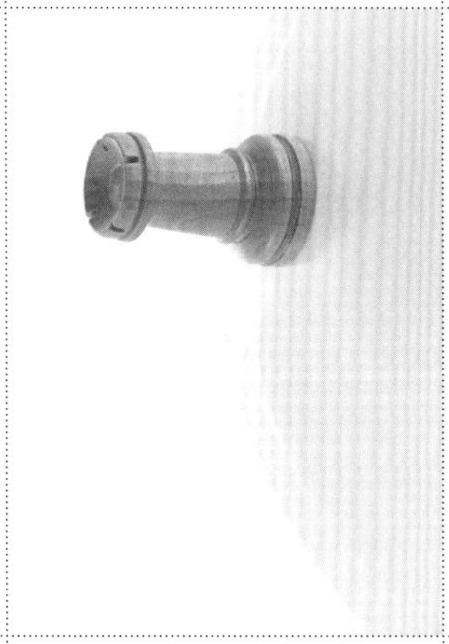
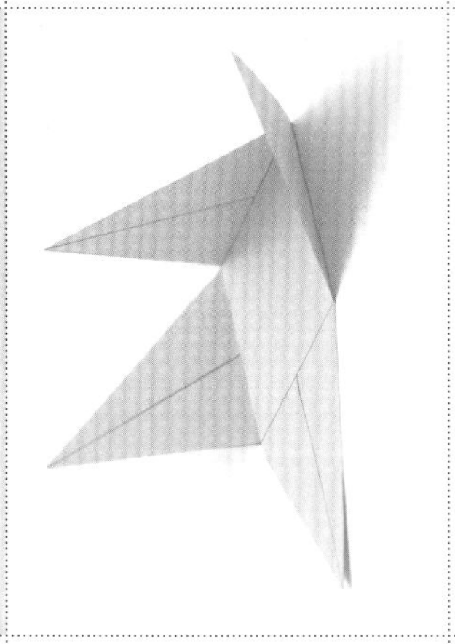

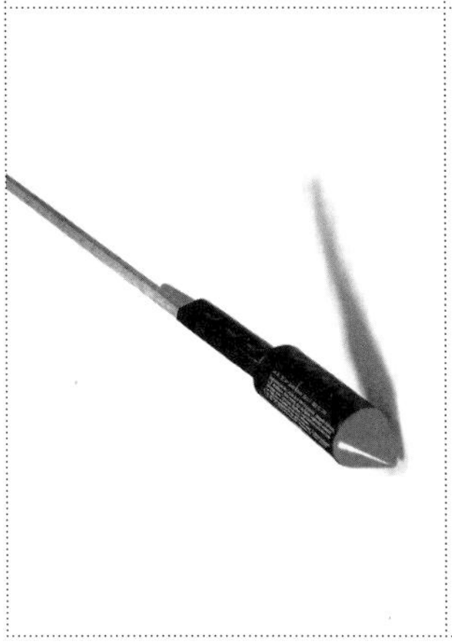
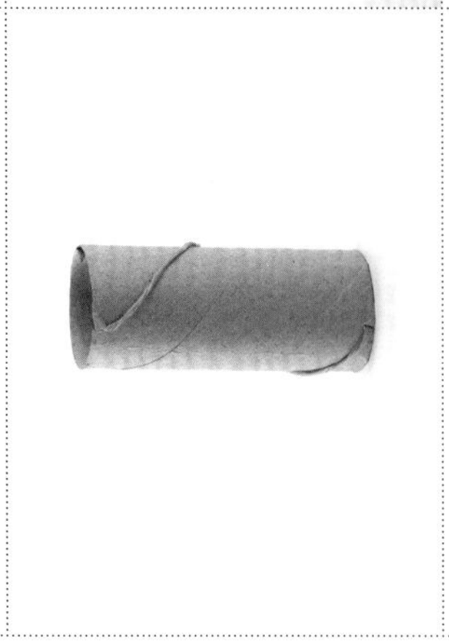
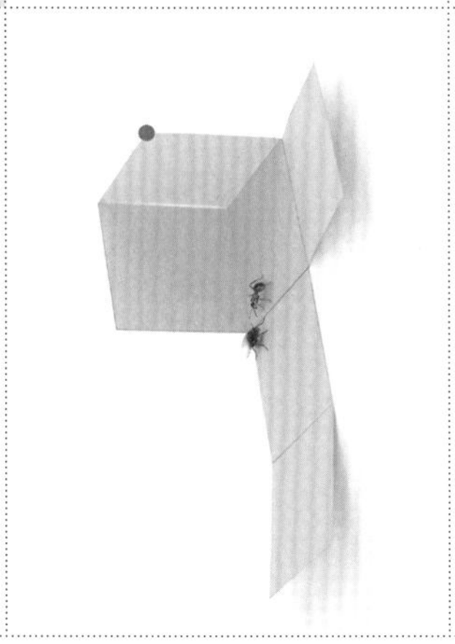
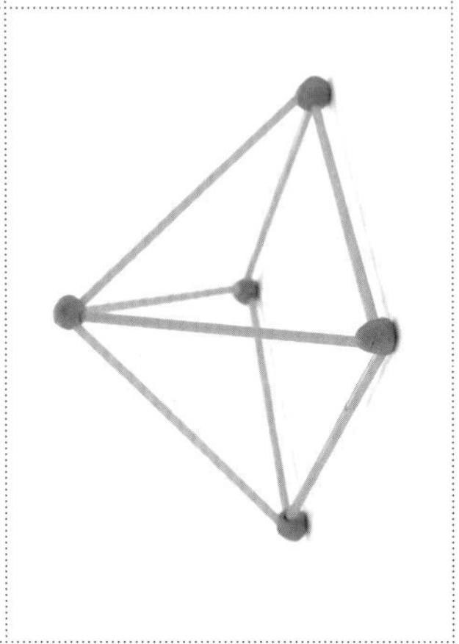

Selbsteinschätzung

Du sollst hier lernen, dich selber einzuschätzen. Bewertungen und Benotungen können falsch sein. Auch wenn man äußere Leistungsmessungen nicht ignorieren sollte, ist es wichtig, selbst zu wissen, was man kann und was nicht.

Mithilfe der Tabelle kannst du dir zunächst einen Überblick über dein Wissen verschaffen.
Versuche anschließend, dich einzuschätzen und erteile dir selbst eine Note.

Thema verstanden?	**total**	**das Meiste**	**halbwegs**	**etwas**	**wenig**	**nichts**
Der Satz des Pythagoras ist nur in rechtwinkligen Dreiecken anwendbar.						
Umkehrung des Satzes und dessen Anwendung						
Berechnung einer Raumdiagonale mithilfe von Pythagoras						
Höhenbestimmung in einem gleichseitigen Dreieck						
Station Nr. 4 (Quadratische Pyramide)						
Station Nr. 6 (Leuchtturm)						
Heftführung	**sehr gut**	**ganz gut**	**ok**	**teilweise**	**noch ok**	**nicht ok**
Wie gut strukturiert?						
Wie ansprechend gestaltet?						

Vorschlag zur Selbstbewertung

sehr gut:	Ich habe alles verstanden, könnte es gut erklären und auch Aufgaben angehen, welche von Standardfragen abweichen. Ich habe begonnen, mir selbst Fragen bzgl. des Stoffes zu stellen und diese zu lösen versucht.
gut:	Ich habe alles verstanden, könnte es erklären und auch Aufgaben angehen, welche größere Rechnungen (Anwendung des Schulstoffes) erfordern.
befriedigend:	Ich habe das Wesentliche verstanden, kann Überlegungen des in der Schule behandelten Stoffes wiedergeben und löse Standardprobleme ohne größere Schwierigkeiten.
ausreichend:	Einfache Aufgaben kann ich lösen, dem Unterrichtsverlauf konnte ich meistens folgen.
mangelhaft:	Ich brauche auch für leichte Aufgaben Hilfestellungen, der Zusammenhang einzelner Themen ist mir fremd.
ungenügend:	Ich habe keine Ahnung, was beim Thema Pythagoras von mir verlangt wird.

Ich würde mir selbst die Note ______________________ erteilen.

(Die Note / Selbsteinschätzung brauchst du niemandem zu zeigen.)

Name: ______________________ Datum: ______________

Test

Aufgabe 1

Formuliere den Satz des Pythagoras in Worten ohne „$a^2 + b^2 = c^2$“.

Aufgabe 2

Mit Streichhölzern ist ein Dreieck konstruiert worden.
Bestimme den Flächeninhalt, wenn ein Streichholz 4,3 cm lang ist.

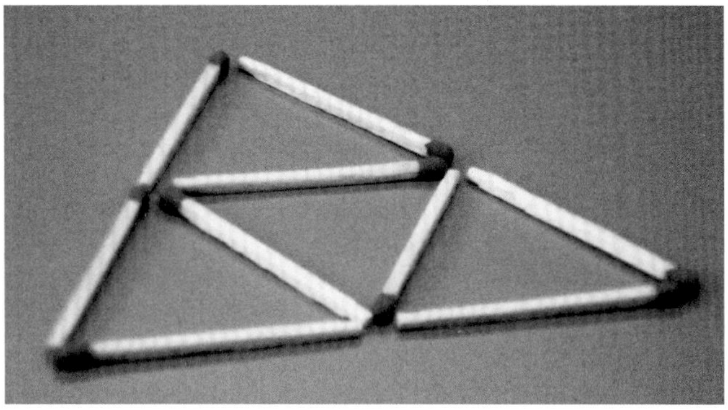

Aufgabe 3

Eine Streichholzschachtel besitzt eine Länge von 5 cm, eine Breite von 3,7 cm und eine Höhe von 1,5 cm. Bestimme die Raumdiagonale.

Aufgabe 4

Aus Streichhölzern der Länge *a* wurde eine quadratische Pyramide gebaut.
Bestimme die Höhe der Pyramide in Abhängigkeit von *a*.

Aufgabe 5

Ein Hamster (Augenhöhe 2 cm) balanciert auf einem Medizinball mit einem Durchmesser von einem halben Meter. Wie weit kann der Hamster den Ball überblicken?

Lösung

Aufgabe 1
Formuliere den Satz des Pythagoras in Worten ohne „$a^2 + b^2 = c^2$".
In jedem rechtwinkligen Dreieck gilt, dass das Quadrat über der Hypotenuse gleich der Summe der beiden Kathetenquadrate ist.

Aufgabe 2
Mit Streichhölzern ist ein Dreieck konstruiert worden.
Bestimme den Flächeninhalt, wenn ein Streichholz 4,3 cm lang ist.

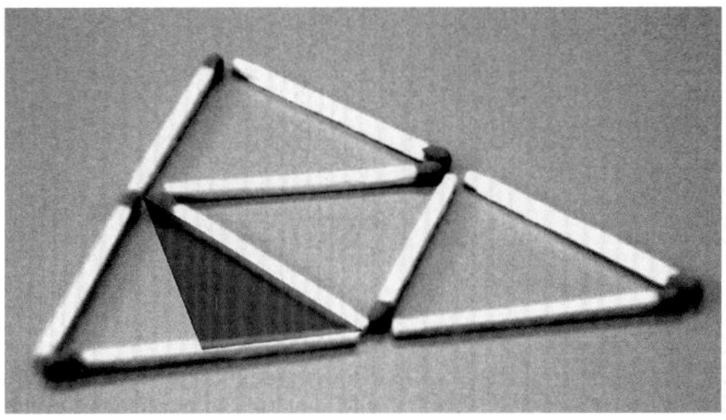

Für h_a im dunkel markierten Dreieck gilt:

$h_a^2 + \left(\frac{a}{2}\right)^2 = a^2$,

$h_a = \sqrt{a^2 - \left(\frac{a}{2}\right)^2} = \frac{a}{2}\sqrt{3}$.

Und damit:

$A = 4 \cdot A_\Delta = 4 \cdot \frac{1}{2} \cdot g \cdot h = 4 \cdot \frac{1}{2} \cdot a \cdot h_a = 4 \cdot \frac{1}{2} \cdot a \cdot \frac{a}{2}\sqrt{3} = a^2\sqrt{3}$

$= (4{,}3\text{ cm})^2 \cdot \sqrt{3}$

$\approx 32{,}0\text{ cm}^2$.

Der Flächeninhalt beträgt ca. 32,0 cm².

Aufgabe 3
Eine Streichholzschachtel besitzt eine Länge von 5 cm, eine Breite von 3,7 cm und eine Höhe von 1,5 cm. Bestimme die Raumdiagonale.

Für die Länge der Raumdiagonale gilt:

$d = \sqrt{l^2 + b^2 + h^2}$

$= \sqrt{(5\text{ cm})^2 + (3{,}7\text{ cm})^2 + (1{,}5\text{ cm})^2}$

$\approx 6{,}4\text{ cm}$.

Die Raumdiagonale hat also eine Länge von ca. 6,4 cm.

Aufgabe 4
Aus Streichhölzern der Länge *a* wurde eine quadratische Pyramide gebaut.
Bestimme die Höhe der Pyramide in Abhängigkeit von *a*.

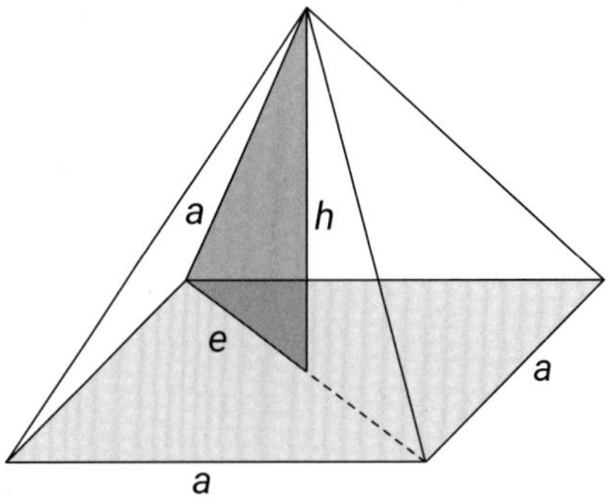

$h^2 + e^2 = a^2$ bzw. $h^2 = a^2 - e^2$.

e ist die halbe Diagonale der Grundfläche:

$e^2 = \left(\frac{a}{2}\right)^2 + \left(\frac{a}{2}\right)^2 = \frac{a^2}{2}$,

$h^2 = a^2 - e^2 = a^2 - \frac{a^2}{2} = \frac{a^2}{2}$,

$h = \pm\sqrt{\frac{a^2}{2}} = \pm\sqrt{\frac{a^2 \cdot 2}{2 \cdot 2}} = \pm\frac{a}{2}\sqrt{2}$. *Die negative Lösung hat geometrisch keine Bedeutung.*

Aufgabe 5
Ein Hamster (Augenhöhe 2 cm) balanciert auf einem Medizinball mit einem Durchmesser von einem halben Meter. Wie weit kann der Hamster den Ball überblicken?

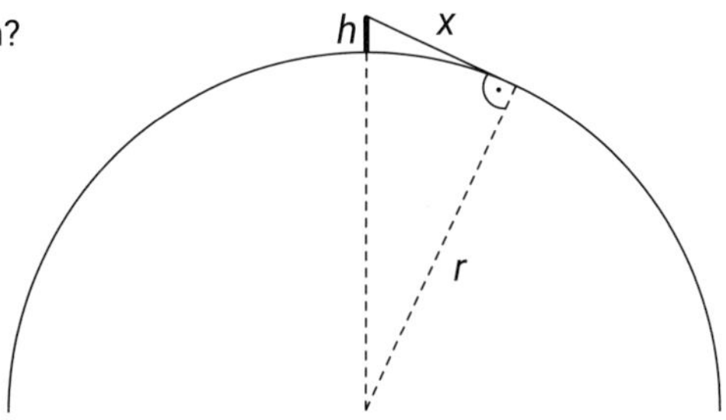

$r = 0{,}25\text{ m}$, $h = 0{,}02\text{ m}$

$x^2 + r^2 = (r + h)^2$

$x^2 = (r + h)^2 - r^2$

$= (0{,}25\text{m} + 0{,}02\text{m})^2 - (0{,}25\text{m})^2$

$x \approx 0{,}102\text{ m}$

Er kann ca. 10,2 cm weit den Ball überblicken.

Erleben wird zur Grundlage des Unterrichtens

MARTIN KRAMER

Mathematik als Abenteuer

Band 1: Geometrie und Rechnen mit Größen

16,5 x 24 cm, 280 Seiten in Farbe, Hardcover

ISBN 978-3-7727-1000-1   29,95 €

„Wissen wächst. Der Lehrer ist nicht dazu da, den Stoff zu vermitteln. Seine Aufgabe besteht vielmehr darin, zwischen Schülern und Wissen zu vermitteln", so Martin Kramers didaktisches Credo. Sein erlebnispädagogisches Konzept von Unterricht als Abenteuer vermittelt Schülerinnen und Schülern handlungsorientiert und gruppendynamisch, wie sie mathematische Strukturen erkennen und verstehen können. Spielfreude, Kooperation und Persönlichkeitsentwicklung sind dabei die Eckpfeiler seiner konstruktivistischen Didaktik.

Mathematik als Abenteuer richtet sich an Lehrkräfte, Referendare und Lehramtsstudierende, die Anregungen zur Gestaltung von Lernumgebungen suchen und ihren Unterricht mit mehr Wertschätzung und Verantwortung auf Seiten der Schülerinnen und Schüler organisieren möchten.

Mathematik als Abenteuer besteht aus mehreren Bänden.
Band II: Algebra und Vektorrechnung; Band III: Analysis und Wahrscheinlichkeitsrechnung

Fachbuch

Alle Preise zzgl. Versandkosten, Stand 2022

Klett Kallmeyer

Unser Leserservice berät Sie gern:
Telefon: 0511 / 4 00 04 -150
Fax: 0511 / 4 00 04 -170
leserservice@friedrich-verlag.de

www.klett-kallmeyer.de

Der Comic für mathematische Entdeckungsreisen

Analysis als Comic

MARTIN KRAMER, MARLIN VAN SOEST

Frederiks mathematische Abenteuer

Das Geheimnis der Analysis

21 x 29,7 cm, 48 Seiten in Farbe, Hardcover

ISBN 978-3-7727-1076-6   19,95 €

Ein Comicband und Mathematik – kann das überhaupt zusammenpassen? Ist die Analysis nicht viel zu kompliziert, um mithilfe einer Bildergeschichte dargestellt werden zu können? Sie kann! Auf beindruckende Art und Weise gelingt es Autor und Zeichner, komplexe mathematische Sachverhalte lebensweltnah, anschaulich und ohne unnötigen Formelballast zu vermitteln.

In acht witzigen und abenteuerlichen Lerngeschichten, die der sympathische (Anti-)Held Frederik in seinem chaotischen Alltag erlebt, werden mathematische Themen, wie Funktionen, Null- und Schnittstellenberechnung, Differential- und Integralrechnung, Sinusfunktionen und Steigerungsraten, leicht und verständlich erklärt. Einfach, frech und genial!

Fachbuch

Alle Preise zzgl. Versandkosten, Stand 2022

Unser Leserservice berät Sie gern:
Telefon: 0511 / 4 00 04 -150
Fax: 0511 / 4 00 04 -170
leserservice@friedrich-verlag.de

www.klett-kallmeyer.de

Unter **www.friedrich-verlag.de** finden Sie Materialien zum Buch als Download.
Bitte geben Sie den achtstelligen Download-Code in das Suchfeld ein.

DOWNLOAD-CODE: d31624pb

Hinweis:

Das Download-Material enthält die Lernstationen und weitere Materialien aus dem Begleitheft.

Durch den Kauf dieses Materialpakets (ISBN 978-3-7727-1624-9) haben Sie das Recht erworben, das ergänzende Download-Material in Ihren derzeitigen und zukünftigen Lerngruppen und Klassen einzusetzen und zu vervielfältigen. So können Sie etwa einzelne Seiten ausdrucken und verteilen oder mit Beamer oder Whiteboard verwenden.

Was Sie **nicht** dürfen:

- Das Download-Material oder Teile davon an Kolleginnen und Kollegen weitergeben.
- Das Download-Material oder Teile davon in Netzwerke einstellen, wie etwa Schulserver oder Cloud-Systeme, sodass Kolleginnen und Kollegen darauf Zugriff erhalten.
- Die Lizenzinformation und Quellenhinweise auf dem Download-Material entfernen.
- Bei einer Bibliotheksausleihe des Buches das Download-Material herunterladen.

Bitte tragen Sie im Sinne dieser Lizenz dazu bei, dass wir weiterhin digitales Ergänzungsmaterial für Lehrerinnen und Lehrer bereitstellen können. Der Verlag behält sich dabei vor, auch gegen urheberrechtliche Verstöße vorzugehen.

Unsere Autorinnen und Autoren sowie der Verlag wünschen Ihnen viel Erfolg bei der Nutzung der Materialien!

Haben Sie Fragen zum Download? Dann wenden Sie sich bitte an den Leserservice der Friedrich Verlags GmbH. Schreiben Sie uns oder rufen Sie uns an!

Sie erreichen unseren Leserservice
Montag bis Donnerstag von 8 – 18 Uhr
Freitag von 8 – 14 Uhr
Tel.: 0511/40004-150
Fax: 0511/40004-170
E-Mail: *leserservice@friedrich-verlag.de*

Wir freuen uns über Ihre Rückmeldung und helfen Ihnen gern weiter!

1 Feuerwerksrakete

Fridolin hat sich so sehr auf die Super-X-Mega-Rakete gefreut. Und endlich, da kommt ein Paket mit den Maßen 50 cm x 60 cm x 70 cm an.

Die Enttäuschung ist groß, denn die Super-X-Mega-Rakete ist einen Meter lang …

Was ist zu tun?

Begründe durch eine Rechnung, ob die Rakete in dem Paket sein kann oder nicht.

2 Leere Klopapierrolle

Eine Ameise möchte etwas von der Welt sehen.
Darum klettert sie eine Klopapierrolle hoch. Um schon während ihrer Wanderung die Umgebung kennenzulernen, möchte sie nicht einfach senkrecht hochklettern, sondern auf ihrem Weg nach oben die Säule einmal umrunden.

Hier ist die Situation mithilfe einer leeren Klorolle und einer Schnur modellhaft nachgebildet.

Was ist zu tun?

Wie lang ist der kürzeste mögliche Weg?
Wie lang wäre der Weg bei doppelter Umrundung?
Überlegt euch, welche Größen ihr für die Rechnung braucht und bestimmt diese. Habt ihr keine Klorolle zur Hand, so versucht zu schätzen.

3 Fliege und Ameise

In einer Ecke eines würfelförmigen Zimmers unterhält sich eine Ameise mit einer Fliege darüber, wie weit die gegenüberliegende Raumecke für jeden entfernt ist. Die Ameise findet es ungerecht: Ihr Weg ist ja viel länger!

Was ist zu tun?

Um wie viel Prozent ist der Weg der Ameise dann länger?

Tipp:
Baut das Würfelnetz nach und klebt es nur am Quadrat der „Kreuzfläche“ ins Heft ein.

4 Quadratische Pyramide

Eine quadratische Pyramide soll aus gleich langen Stangen gebaut werden.

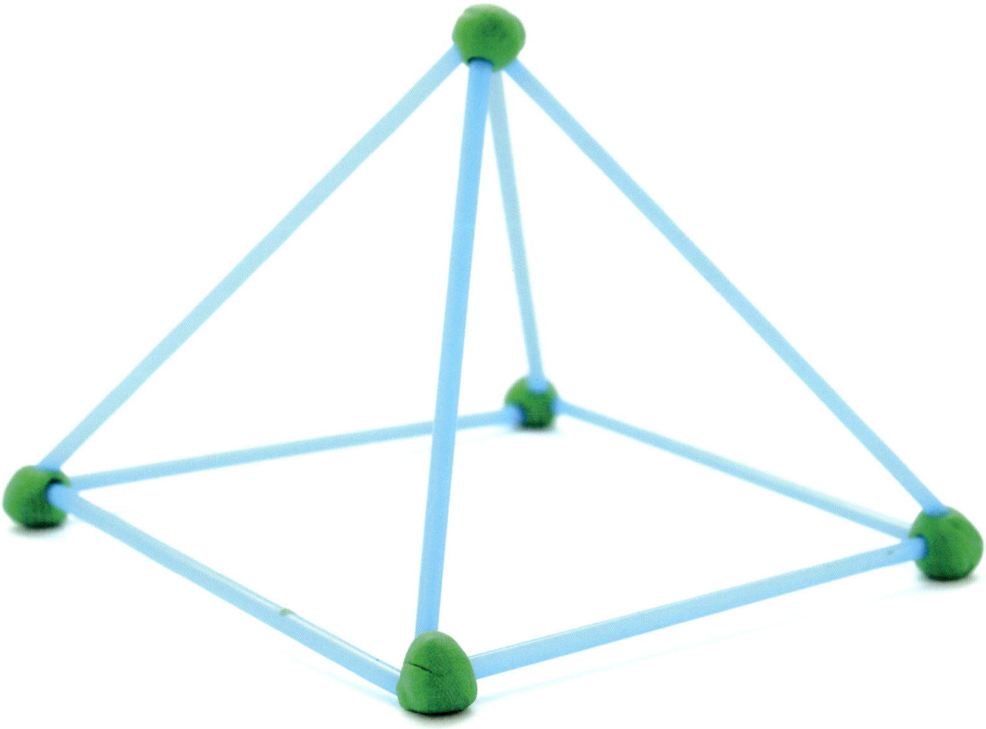

Was ist zu tun?

Baut aus gleichlangen Trinkhalmen und Knete eine quadratische Pyramide. Welchen Bruchteil der Länge eines Strohhalms beträgt die Höhe?

5 Domino

Um Formeln richtig anwenden zu können, muss man sie verstehen. Auswendiglernen bringt rein gar nichts. So lautet der Satz des Pythagoras mit Worten umschrieben: Wenn ein Dreieck rechtwinklig ist, dann ist das Quadrat der längsten Seite gleich der Summe der beiden anderen Längenquadrate.

Was ist zu tun?

Ihr sollt hier 14 Dominosteine aneinanderlegen. Auf jedem Stein befinden sich graue Balken, an diesen wird angelegt:

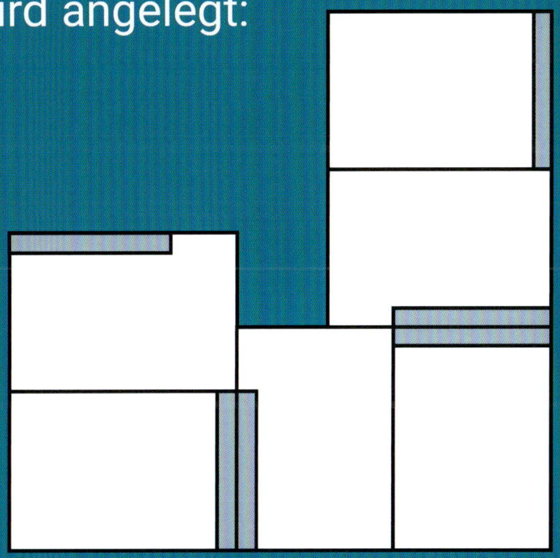

Wenn ihr alle Steine richtig aneinanderlegt, bekommt ihr eine geschlossene Lösungsfigur.

6 Leuchtturm

Fridolin ist auf einem Leuchtturm und sieht in die scheinbar endlose Ferne hinaus. „Wie weit könnte man wohl bei völlig klarem Wetter sehen?“, murmelt er vor sich hin. „Vielleicht bis nach Afrika, oder sogar bis nach Australien?“

Was ist zu tun?

Sicherlich kann man nicht bis Australien sehen, schließlich ist die Erde ja nicht aus Glas. Aber wie weit kann man von einem 20 Meter hohen Turm tatsächlich auf das glatte Meer sehen?
Der Erdradius beträgt ca. 6370 km.
Um die Frage zu verstehen, hilft eine Skizze.
Ihr könnt hierbei auch auf den Luftballon zeichnen.

7 Würfelturm

Die Raumdiagonale d eines Würfels mit der Kantenlänge *a* beträgt $d = \sqrt{a^2 + a^2 + a^2} = a\sqrt{3}$. Werden zwei oder mehr Würfel wie in der Abbildung aufeinandergestellt, so erhält man einen neuen Körper mit einer längeren Raumdiagonale.

Was ist zu tun?

Berechnet die Länge der Raumdiagonale für einen Würfel, zwei Würfel und drei Würfel. Findet ihr eine Gesetzmäßigkeit?

Tipp:
Ihr könnt zuerst die verschiedenen Diagonalen bei einer Kantenlänge $a = 1$ cm berechnen.

8 Ähnlichkeit

Das abgebildete Rechteck wurde in 9 Quadrate unterschiedlicher Größe zerlegt.

Was ist zu tun?

1. Zerlegt ein DIN-A4-Blatt in genau drei ähnliche rechtwinklige Dreiecke. Beschriftet anschließend die Seiten des größten Dreiecks entsprechend der Skizze. Beschriftet entsprechend die anderen Dreiecke mit *a, b, h, p* und *q* (gleiche Längen erhalten denselben Buchstaben).

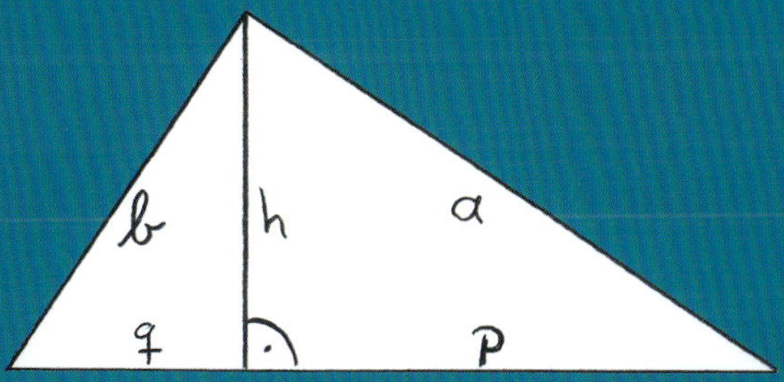

2. Aufgrund der Ähnlichkeit des kleinsten und des größten Dreiecks gilt der Kathetensatz $\frac{a}{p} = \frac{c}{a}$ bzw. $a^2 = p \cdot c$. Wie lautet der entsprechende Satz für die andere Kathete? Beweist über die Summe der beiden Kathetensätze den Satz des Pythagoras.

9 Pyramide im Würfel

In einen Würfel mit einer Seitenlänge von 5 cm soll eine möglichst große symmetrische, quadratische Pyramide eingebaut werden.

Was ist zu tun?

Bastelt eine solche Pyramide. Klebt sie anschließend auffaltbar (nur die quadratische Fläche ankleben) in euer Heft.

10 Rechte Winkel mit Knoten

Im alten Ägypten nannte man die Vermessungsingenieure „Seilspanner“.

Was ist zu tun?

Wie kann mit der abgebildeten Schnur ein rechter Winkel abgesteckt werden? Prüft eure Idee an einem rechten Winkel (z. B. Wand-Boden). Auf welchen mathematischen Satz greift diese Methode zurück?

Tipp:
Die Schnur hat 13 Knoten, die so positioniert sind, dass sich 12 gleich lange Abschnitte ergeben.

11 Pythagoreische Zahlentripel

Es gibt bestimmte rechtwinklige Dreiecke, deren Seitenlängen allesamt natürliche Zahlen sind.
Zum Beispiel das Dreieck mit $a = 3$, $b = 4$ und $c = 5$.
Solche Seitenlängen (3, 4, 5) nennt man ein pythagoreisches Zahlentripel.

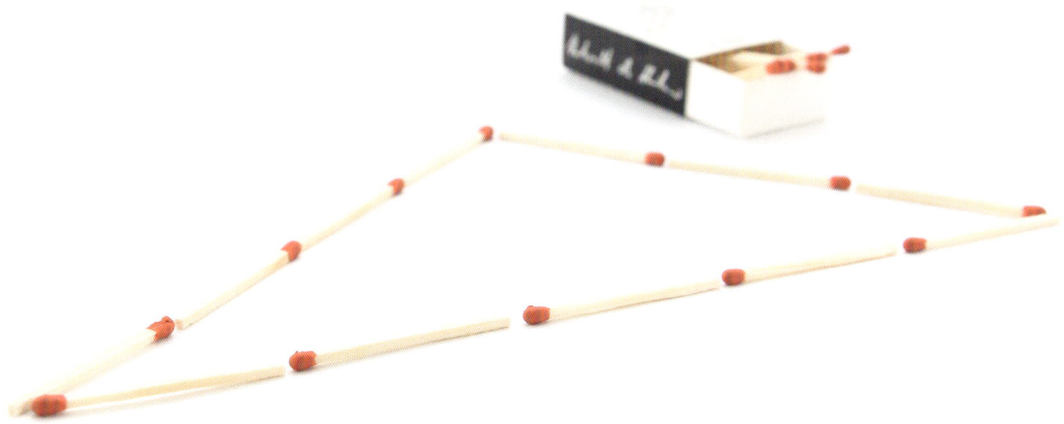

Was ist zu tun?

Wählt zwei natürliche Zahlen m und n ($m > n$) und berechnet

$$a = m^2 - n^2,\ b = 2mn,\ c = m^2 + n^2.$$

Überprüft, ob es sich um ein pythagoreisches Zahlentripel handelt.
Könnt ihr beweisen, dass das immer funktioniert?

12 Sechseck

Mithilfe von Streichhölzern kann man ein regelmäßiges Sechseck konstruieren.

Was ist zu tun?

Konstruiert ein regelmäßiges Sechseck und berechnet dessen Flächeninhalt. Bestimmt zuerst alle Größen, die ihr für eure Rechnung braucht.

13 Raumdiagonale des Klassenzimmers

Mit einer Schnur und einem Meterstab lässt sich die Raumdiagonale eines Zimmers ermitteln.

Was ist zu tun?

Bestimmt die Raumdiagonale eures Klassenzimmers, ohne eine Schnur zu spannen. Überprüft euren Zahlenwert, indem ihr die Länge mithilfe einer gespannten Schnur nachmesst.

14 Ahoj-Brause

Jeden Sonntag nach der *Sendung mit der Maus* trinkt Jim eine Brause. Doch diesmal hat er ein zu großes Glas gewählt und sein Trinkhalm ist ins Glas gefallen.

Was ist zu tun?

Welche Länge müsste der Trinkhalm mindestens haben, wenn das Glas einen Innendurchmesser von 7 cm und eine maximale Füllhöhe von 15 cm besäße?

Wie funktioniert das Domino?
Auf jedem Stein befinden sich dunkle Balken: Klettverschlüsse. An diesen wird angelegt.

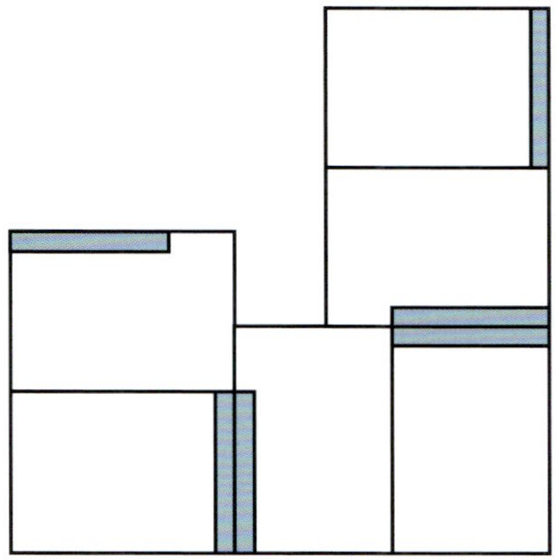

Es ergibt sich eine geschlossene Lösungsfigur.

Achtung !

Bitte nur entlang der gepunkteten Linien schneiden.

Jeder Dominostein hat die Form dieser Karte.

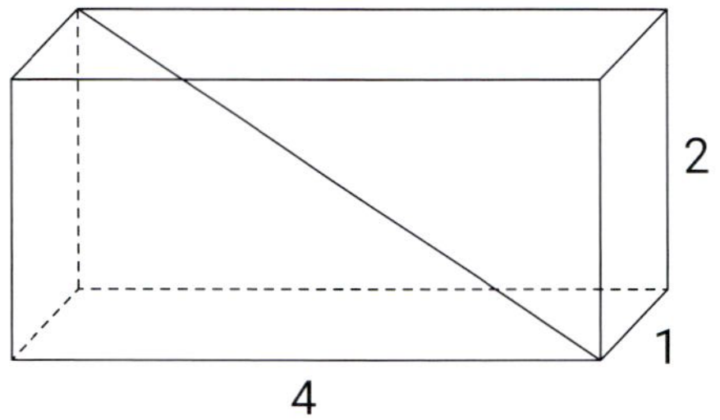

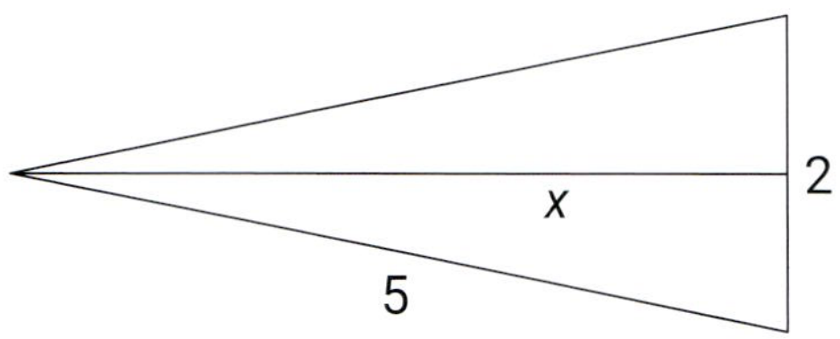

$x = 6$

$x = \sqrt{21}$

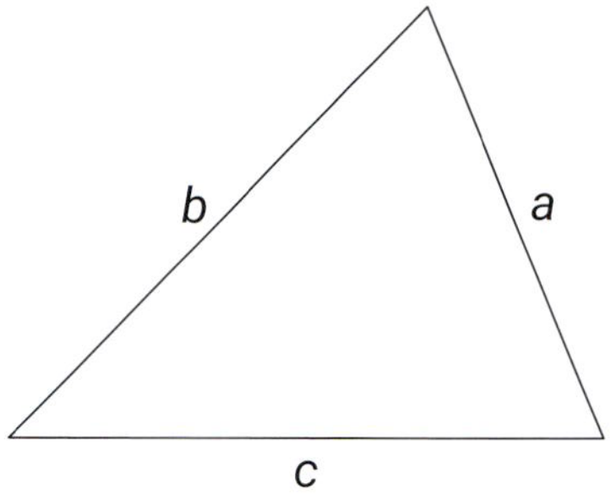

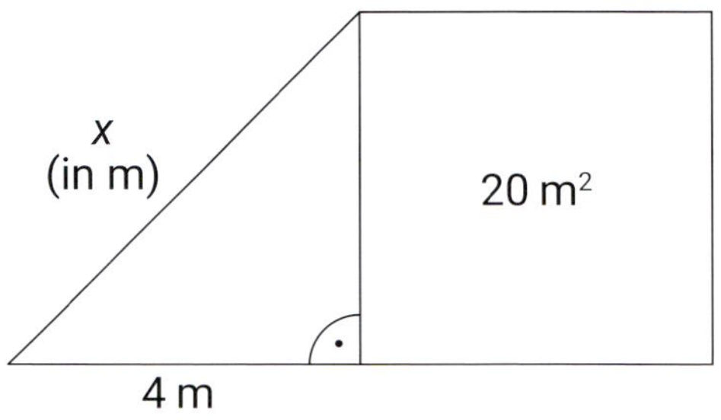

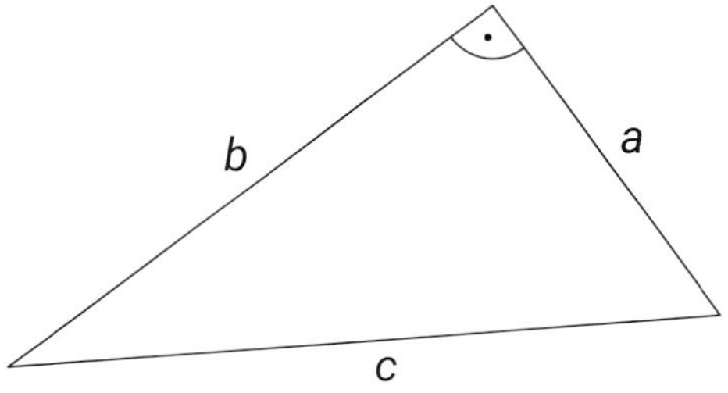

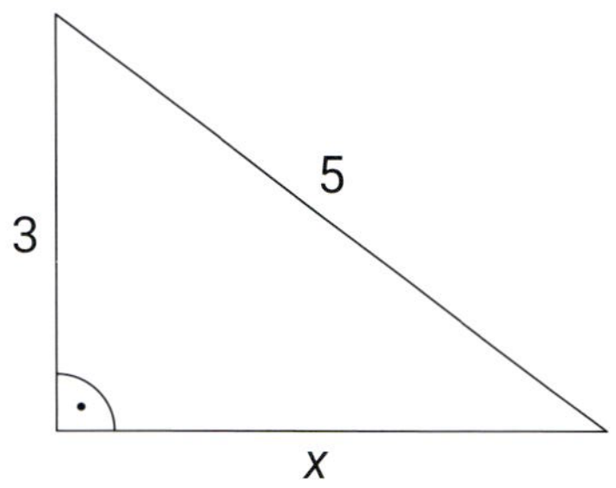

nein

$c^2 \neq a^2 + b^2$

$\sqrt{24} = 2 \cdot \sqrt{6}$

$c^2 = a^2 + b^2$

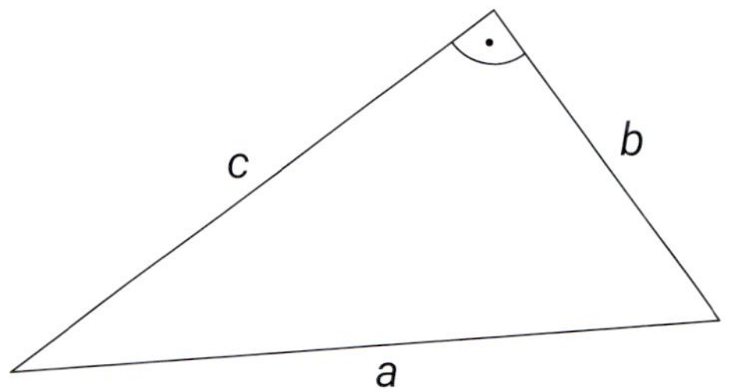

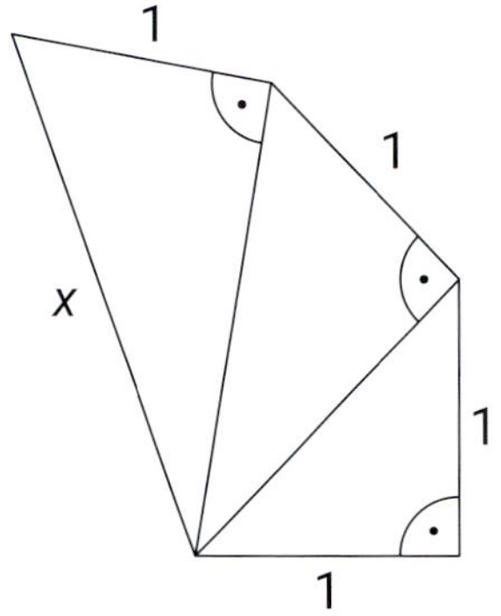

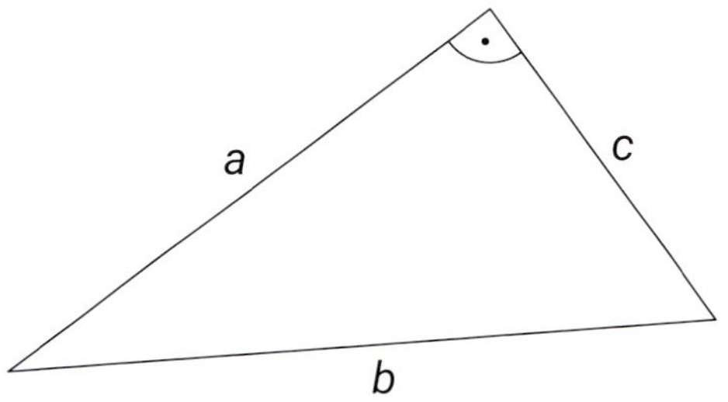

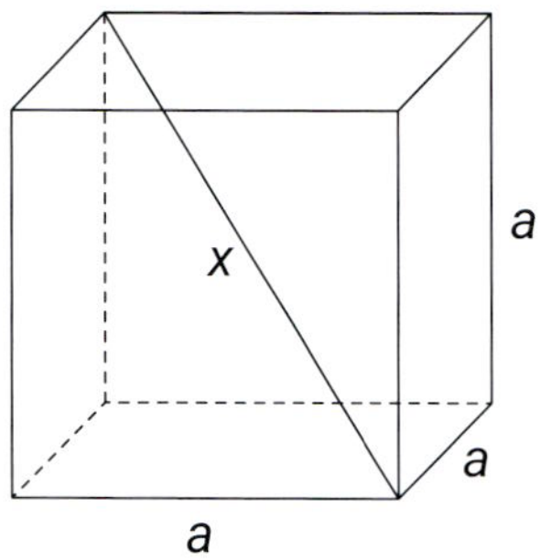

$x = 4$

$a^2 = b^2 + c^2$

$x = 3\sqrt{2}$

$b^2 = a^2 + c^2$

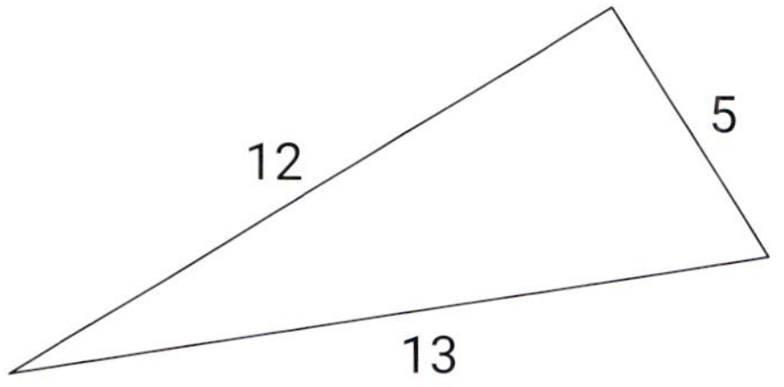

Ist das skizzierte Dreieck rechtwinklig?

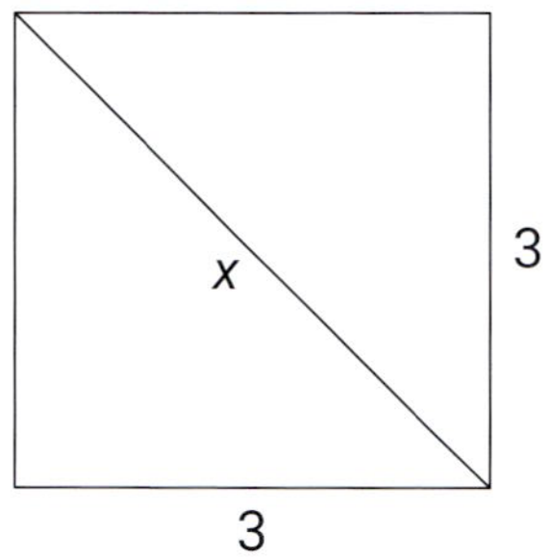

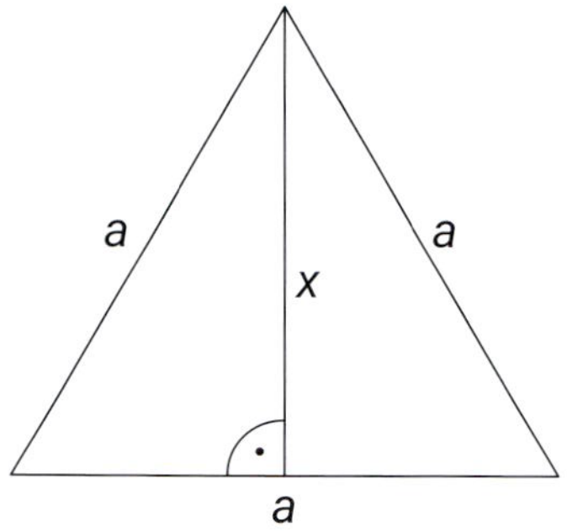

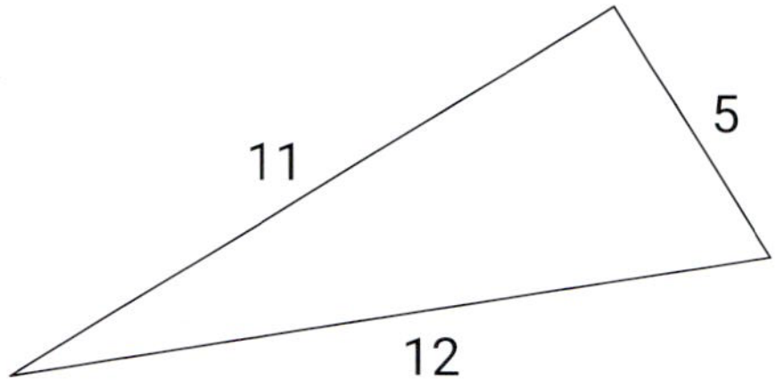

Ist das skizzierte Dreieck rechtwinklig?

$x = 2$

ja

$x = a\sqrt{3}$

$x = \frac{a}{2}\sqrt{3}$

ISBN 978-3-7727-1624-9